os prazeres da solidão

STEPHANIE ROSENBLOOM

os prazeres da solidão

Tradução de
BRUNO CASOTTI

ANFITEATRO

Título original
ALONE TIME
Four Seasons, Four Cities, and the Pleasures of Solitude

Copyright © 2018 by Stephanie Rosenbloom

Excerto de "The Morning Wind" de *The Essential Rumi*, traduzido para a língua inglesa por Coleman Barks (Harper San Francisco, 1995). Usado com autorização de Coleman Barks.
Excerto de "my secret life" de *Sifting Through the Madness for the Word, the Line, the Way: New Poems* por Charles Bukowski, organizado por John Martin.
Copyright © 2003 by Linda Bee Bukowski. Reimpresso por HarperCollins Publisher.

ANFITEATRO
O selo de ideias e debates da Editora Rocco Ltda.

Direitos para a língua portuguesa reservados
com exclusividade para o Brasil à
EDITORA ROCCO LTDA.
Av. Presidente Wilson, 231 – 8º andar
20030-021 – Rio de Janeiro – RJ
Tel.: (21) 3525-2000 – Fax: (21) 3525-2001
rocco@rocco.com.br | www.rocco.com.br

Printed in Brazil/Impresso no Brasil

Preparação de originais
PEDRO KARP VASQUEZ

CIP-Brasil. Catalogação na fonte.
Sindicato Nacional dos Editores de Livros, RJ.

R724p Rosenbloom, Stephanie
 Os prazeres da solidão: quatro cidades, quatro estações e uma viajante solitária / Stephanie Rosenbloom; tradução de Bruno Casotti. – 1ª ed. – Rio de Janeiro: Anfiteatro, 2019.

 Tradução de: Alone time: four seasons, four cities, and the pleasures of solitude
 ISBN 978-85-69474-47-0
 ISBN 978-85-69474-48-7 (e-book)

 1. Rosenbloom, Stephanie - Viagens. 2. Solidão - Aspectos psicológicos. 3. Escritos de viajantes. I. Casotti, Bruno. II. Título.

19-57094
CDD-910.409
CDU-910.4(091)

Vanessa Mafra Xavier Salgado – Bibliotecária – CRB-7/6644
O texto deste livro obedece às normas do Acordo Ortográfico da Língua Portuguesa

Para Daniel
&
meus pais

Sumário

Introdução: Bruxos e xamãs — 11

PARTE I: **Primavera: Paris**

COMIDA

Café et Pluie ~ Café e chuva – *A ciência de saborear* — 31
La Vie est Trop Courte Pour Boire du Mauvais Vin
~ A vida é curta demais para beber vinho ruim
– *Sobre comer sozinho* — 49
Piquenique para um nos Jardins de Luxemburgo
– *Alternativas para a mesa* — 65
Sobre ostras e Chablis – *Porções de prazer e decepção* — 75

BELEZA

Musée de la Vie Romantique
– *Como estar sozinho num museu* — 91
Lambendo vitrine – *Encontrando sua musa* — 107

PARTE II: Verão: Istambul
OUSADIA

Üsküdar – *A arte da antecipação*	121
O hamam – *A importância de experimentar coisas novas*	133
Chamado para a prece – *Aprendendo a escutar*	145

PERDA

A escada de arco-íris em Beyoğlu – *Apreciação*	157
Antes que ele se vá – *Efemeridades*	165

PARTE III: Outono: Florença
SILÊNCIO

Setas e anjos – *Jogos para um*	175
Sozinha com Vênus – *Sobre ver*	191

CONHECIMENTO

O corredor secreto – *Educando a si mesmo*	201

PARTE IV: Inverno: Nova York
LAR

A cidade – *Em missão*	223
Santuários e estranhos – *Criando o lar*	237
Ode ao West Village	251

Dicas e ferramentas para viajar sozinho	259
Agradecimentos	279
Notas	283

os prazeres da solidão

Introdução: Bruxos e xamãs

Paris; junho. O táxi deslizou até parar em frente ao nº 22 da rue de la Parcheminerie. Era sábado de manhã, antes de as cadeiras serem postas para fora, antes de os visitantes começarem a chegar à velha igreja, antes do horário de check-in no hotelzinho com suas jardineiras de gerânios vermelhos nas janelas.

Tocos de cigarro e pétalas vermelhas estavam espalhados pela calçada.

Eu estava sozinha com uma mala e uma reserva. E dias para viver seja lá o que eu escolhesse.

⁓❦⁓

O adulto médio passa sozinho um terço do tempo em que está acordado.

— Mihaly Csikszentmihalyi, *A descoberta do fluxo*

Como você está passando o seu tempo? Olhando o Facebook? Enviando mensagens? Tuitando? Fazendo compras na internet? A lista de afazeres é interminável.

Mas não o tempo.

O tempo sozinho é um convite, uma chance de fazer coisas das quais você sente falta. Você pode ler, criar um programa de computador, pintar, meditar, aprender um idioma ou sair para um passeio.

Sozinho, você pode vasculhar engradados de livros usados na calçada sem se preocupar por estar tomando a tarde de seu acompanhante ou de ser julgado por sua péssima ideia de um tempo bom. Você não precisa manter uma conversa educada. Você pode ir a um parque. Pode ir a Paris.

Dificilmente você estaria só. Da América do Norte à Coreia do Sul, mais pessoas estão vivendo sozinhas agora do que nunca antes. Estima-se que as moradias de uma só pessoa serão o perfil de moradia de crescimento mais rápido globalmente de hoje até 2030. Mais pessoas estão comendo sozinhas. Mais pessoas estão viajando sozinhas – muito mais. De empresas que alugam acomodações para férias a operadoras de turismo de luxo, grupos de indústrias têm relatado aumentos de dois dígitos em viagens solo. O Airbnb está vendo mais viajantes sozinhos do que nunca. A Intrepid Travel relata que metade de seus hóspedes – cerca de 75 mil pessoas por ano – está agora viajando sozinha, levando a empresa a criar seus primeiros roteiros apenas para sozinhos. E essa explosão não está sendo motivada apenas por pessoas solteiras: o mercado do viajante sozinho "casado com filhos" está crescendo também. Quase 10 por cento dos viajantes americanos com parceiros e filhos estão tirando férias sozinhos durante o ano, de acordo com uma das maiores organizações de marketing de viagem do mundo, a MMGY Global. Em outras palavras, viajar sozinho não é apenas para jovens de vinte e poucos anos e aposentados, mas para qualquer um que queira, de qualquer idade, em qualquer situação: parceiros, pais e solteiros em busca de romance – ou não.

Poucos de nós querem ser reclusos. O crescimento dos espaços de *coworking* [compartilhamento de áreas de trabalho] e *coliving* [compartilhamento de áreas de convivência] no mundo é a mais recente prova disso. Mas ter um pouco de tempo para nós mesmos, sejam cinco dias na Europa ou cinco minutos em nosso quintal, pode ser absolutamente invejável.

Cerca de 85 por cento de adultos – homens e mulheres de todas as faixas etárias – disse ao Pew Research Center que para eles é importante estar completamente sozinho às vezes. Uma pesquisa do Euromonitor International constatou que as pessoas querem mais tempo não apenas com suas famílias, mas também sozinhas. E ainda assim muitos de nós, mesmo aqueles que prezam o tempo sozinho, com frequência relutam em fazer certas coisas desacompanhados – o que pode nos levar a perder experiências divertidas, enriquecedoras e que até mudam a vida, bem como a perder novas relações.

Uma série de estudos publicados na *Journal of Consumer Research* verificou que homens e mulheres tendiam a evitar atividades públicas agradáveis, como ir ao cinema ou a um restaurante, se não tivessem alguém para acompanhá-los. Qualquer potencial prazer e inspiração que pudesse resultar de ver um bom filme ou uma mostra de arte era superado pela crença de que ir sozinho não seria tão divertido, sem mencionar as preocupações sobre como eles seriam encarados pelos outros.

De fato, para muitos de nós, estar sozinho é algo a ser evitado, algo associado a problemas como solidão e depressão. Freud observou que "as primeiras fobias de situação das crianças são escuridão e estar sozinho". Em muitas culturas pré-letradas, estar sozinho era tido como praticamente intolerável, como escreveu o psicólogo Mihaly Csikszentmihalyi em A descoberta do fluxo, seu livro sobre a ciência da felicidade: "Apenas bruxos e xamãs se sentem confortáveis passando um tempo sozinhos."

Talvez não seja surpreendente que uma série de estudos publicados na revista Science em 2014 tenha constatado que muitos participantes preferiam administrar um choque elétrico em si mesmos do que serem deixados sozinhos com seus pensamentos durante quinze minutos. O homem, como têm observado cientistas e filósofos desde Aristóteles, é um animal social. E com bons motivos. Relações positivas são cruciais para a nossa sobrevivência; para o conhecimento, o progresso e a alegria coletivos da humanidade. Um dos mais longos estudos da história sobre a vida adulta, o Harvard Study of Adult Development [Estudo de Harvard sobre o Desenvolvimento do Adulto] acompanhou centenas de homens durante quase oitenta anos, e a lição que se tirou repetidamente foi a de que boas relações – com a família, amigos e pessoas de nossas comunidades – tendem a resultar em vidas felizes, saudáveis.

Pessoas socialmente isoladas, por outro lado, têm um risco maior de doenças e declínio cognitivo. Como explicou de maneira não muito sutil Robert Waldinger, o diretor do estudo de Harvard, "Solidão mata". Eremitas cristãos rompiam seus períodos solitários com trabalho e devoção comunitários. Thoreau tinha três cadeiras em sua casa no bosque: "uma para a solidão, duas para a amizade, três para a sociedade". Até mesmo o Cavaleiro Solitário tinha Tonto. A solidão e seus perigos são uma história antiga e instrutiva.

Introdução: Bruxos e xamãs

Mas não são toda a história. A companhia de outros, embora fundamental, não é a única maneira de encontrar satisfação em nossas vidas.

Há séculos as pessoas vêm se retirando em solidão – para a espiritualidade, criatividade, reflexão, renovação e significado. Budistas e cristãos ingressaram em mosteiros. Indígenas americanos subiram montanhas e penetraram vales. Audrey Hepburn se refugiava em seu apartamento. "Eu preciso estar sozinha com frequência", disse ela à revista *Life* em 1953. "Eu estaria bem feliz se ficasse sozinha em meu apartamento da noite de sábado até a manhã de segunda-feira. É como me reabasteço."

Outros foram a grandes distâncias. Milhas foram navegadas, voadas e percorridas de carro por aventureiros solitários como o capitão Joshua Slocum e Anne-France Dautheville, uma das primeiras mulheres a viajar de motocicleta sozinha pelo mundo. "De agora em diante, minha vida seria minha, meu caminho", disse ela sobre viajar 20 mil quilômetros sozinha em 1973.

Estudiosos vêm insistindo há décadas que os aspectos positivos da solidão merecem um olhar mais aproximado, do pediatra e psicanalista Donald Winnicott, nos anos 1950, ao psiquiatra britânico Anthony Storr, nos anos 1980, e psicólogos que conduzem estudos hoje. Um pouco de solidão, sugerem suas pesquisas, pode ser bom para nós.

Em primeiro lugar, o tempo passado longe da influência dos outros nos permite explorar e definir quem somos. Em privado, podemos pensar profunda e independentemente, como explicou o estudioso de direito e especialista em privacidade Alan Westin. Há espaço para a resolução de problemas, a experimentação e a imaginação. A mente pode rachar com um foco intenso ou sair vasculhando uma praia, colhendo uma ideia como uma concha, examinando-a e guardando-a no bolso, ou largando-a para apanhar outra.

Pensadores, artistas e inovadores, de Tchaikovsky a Barack Obama, de Delacroix e Marcel Marceau a Chrissie Hynde e Alice Walker, expressaram a necessidade de solidão. É o que Rodin tem em comum com Amy Schumer; o que Michelangelo compartilha com Grace Jones. Filósofos e cientistas passaram grande parte de suas vidas em solidão, incluindo Descartes, Nietzsche e Barbara McClintock, a geneticista ganhadora do Prêmio Nobel que resistiu a ter um telefone até os 84 anos. Incontáveis escritores, incluindo Shakespeare, Dickinson, Wharton, Hugo e Huxley, exploraram a solidão como tema. Sinfonias e canções, poemas e peças de teatro, e pinturas e fotos foram criados *em* solidão.

Para a pessoa criativa, "seus momentos mais significativos são aqueles em que alcança algum novo insight, ou faz alguma nova descoberta; e esses momentos são principalmente, se não invariavelmente, aqueles em que ela está sozinha", escreveu Storr em seu livro fundamental *Solidão – A conexão com o eu*. Embora as outras pessoas possam ser uma de nossas maiores fontes de felicidade, às vezes elas podem ser uma distração. Sua presença pode também inibir o processo criativo, "uma vez que a criação é embaraçosa", como disse o escritor Isaac Asimov. "Para cada boa ideia nova que você tem, há cem, dez mil [ideias] tolas, que você naturalmente não se interessa em exibir." Monet criticou duramente suas pinturas antes da abertura de uma exposição em Paris, declarando as telas sem valor para passar para a posteridade. Robert Rauschenberg atirou suas obras iniciais no rio Arno.

Mas, assim como pode ser importante para a criação (e a possível destruição subsequente), o tempo sozinho também pode ser necessário para a restauração. Algumas das mais recentes pesquisas verificaram que até mesmo quinze minutos passados sozinho, sem aparelhos eletrônicos ou interação social, podem diminuir a intensidade de nossos sentimentos (sejam eles bons ou ruins), deixando-nos mais tranquilos, menos zangados e menos preocupados. Estudos liderados por Thuy-vy Nguyen, publicados na *Personality and Social Psychology Bulletin*, sugerem que podemos usar a solidão ou o tempo sozinho como uma ferramenta, um modo de regular nossos estados emocionais, "tornando-nos quietos depois de uma excitação, calmos depois de um episódio de raiva, ou centrados e serenos quando desejado".

Sozinhos, podemos desligar a tomada. Estamos "fora de cena", como explicou o sociólogo Erving Goffman, onde podemos tirar a máscara que usamos em público e ser nós mesmos. Podemos ser reflexivos. Temos a oportunidade de uma autoavaliação, uma chance para considerar nossas ações e fazer o que Westin chamou de "inventário moral".

Podemos também inventariar todas as informações acumuladas durante o dia. Podemos organizar nossos "pensamentos, refletir sobre ações passadas e planos futuros e nos preparar para encontros futuros", como escreveu o psicólogo Jerry M. Burger no *Journal of Research in Personality*. Até Bill Clinton, um modelo de extroversão, reconheceu que, quando presidente, programava "algumas horas do dia sozinho para pensar, refletir, planejar ou não fazer nada". "Com frequência", disse ele, "eu dormia menos só para ter o tempo sozinho."

Essa noção de reflexão remete a um antigo princípio grego conhecido como *epimelesthai sautou*. O filósofo Michel Foucault traduziu isso como "cuidar de si mesmo" e, embora esta já tenha sido "uma das principais regras para a conduta social e pessoal para a arte da vida", Foucault observou que há uma tendência, particularmente na sociedade ocidental moderna, de considerar o cuidar de si mesmo como quase imoral.

E ainda assim o tempo sozinho tem o potencial de nos deixar mais abertos e compassivos com os outros. John D. Barbour, professor de religião do St. Olaf College, em Northfield, Minnesota, escreveu que, embora envolva o *si mesmo*, a solidão não é necessariamente narcisista. Ele sugeriu que a solidão buscada por profetas bíblicos ajudou a moldar a perspectiva deles e pode tê-los tornado mais sensíveis ao sofrimento de pessoas menos poderosas ou pessoas de fora. "A solidão, em sua melhor forma", escreveu ele, não é "escapar do mundo, mas [escapar] para um tipo diferente de participação neste."

Infelizmente, há uma tendência em nossa era de escassa nuança a conceber a solidão e a sociedade como proposições de ou uma coisa ou outra: ou você está sozinho em seu sofá ou está organizando jantares festivos. Essa é uma distinção inútil (e com frequência errada). O psicólogo Abraham H. Maslow constatou que as pessoas autorrealizadas – aquelas que atingiram a camada mais elevada da hierarquia de necessidades humanas – são capazes de ser mais de uma coisa ao mesmo tempo, mesmo que essas coisas sejam contraditórias. Elas podem ser simultaneamente individuais e sociais; egoístas e desprendidas. Burger escreveu que as pessoas com elevada preferência pela solidão não necessariamente não gostam de interações sociais, e não necessariamente são introvertidas. Provavelmente elas passam a maior parte do tempo com outros, e gostam disso; ele disse que simplesmente, em relação às outras, elas escolhem com mais frequência estar sozinhas porque apreciam a reflexão, a criatividade e a renovação que a solidão pode oferecer.

Durante anos, a crença convencional foi de que se você passasse muito tempo sozinho, provavelmente havia algo de errado com você. E certamente, como psicólogos observaram, muitas pessoas se retiram porque são socialmente ansiosas ou deprimidas. Mas muitas outras escolhem passar um tempo sozinhas porque acham isso prazeroso. Maslow, por exemplo, disse que pessoas maduras, autorrealizadas, são particularmente atraídas para a privacidade, o afastamento e o estado meditativo.

De fato, uma das chaves para apreciar o tempo sozinho parece ser se isso é voluntário ou não. Fatores adicionais, como o que as pessoas pensam quando estão sozinhas, a idade delas e se o tempo sozinho é temporário, podem também exercer um papel, mas a escolha – tirar algum tempo para si mesmo porque é isso o que você deseja, e não porque você foi abandonado por sua rede social ou não tem outra opção – parece ser crucial. Isso pode ser a diferença entre uma experiência positiva de solidão e a solidão excessiva.

A quantidade de tempo sozinho que parece certa é, porém, uma questão de gosto e circunstância. Para alguns, o tempo sozinho é um privilégio raro; algo desejado mas difícil de obter entre longas horas de trabalho e uma casa cheia. Outros podem sentir que passam tempo demais sozinhos. Encontrar um equilíbrio que pareça bom é pessoal, e não necessariamente fácil.

Nos meses anteriores a seu noivado, Charles Darwin – que ficou conhecido por escrever sobre a aversão do homem à solidão mas também prezava suas próprias horas solitárias – criou duas colunas em seu diário intituladas "Casar" e "Não Casar". Como motivos para "Não Casar" ele incluiu "liberdade de ir aonde quiser", "perda de tempo" e "não poder ler à noite". Ele continuou na página seguinte: "Eu nunca iria saber francês – ou ver o Continente – ou ir à América, ou subir num Balão ou fazer uma viagem solitária em Gales."

Mas o casamento, com sua promessa de companhia e filhos, prevaleceu. Em uma carta a sua futura esposa, Emma, antes do dia do casamento, Darwin lhe disse que até então ele apoiara suas "noções de felicidade em sossego e um bocado de solidão". Porém, acreditava que com Emma poderia encontrar felicidade para além de "acumular fatos em silêncio e solidão". E durante 43 anos parece que ele fez isso.

Em Down House, sua casa no condado de Kent rural, fora de Londres, Darwin descansava na grama com seus filhos sob limoeiros, escutava cartas da família lidas em voz alta na sala de estar e jogava gamão com Emma. Ainda assim, cavava algum tempo sozinho, retirando-se em seu gabinete por até seis horas por dia. Ao ar livre, entre o que sua neta Gwen Raverat descreveu como "duas grandes campinas solitárias", ele construiu o "Sandwalk", um caminho de quatrocentos metros num bosque por onde ele caminhava quase diariamente, chegando a circulá-lo várias vezes quando tentava resolver um problema. Foi em seu gabinete e em seu "caminho de pensar", como Darwin o chamava, em meio a velhas árvores retorcidas, abelhões e ninhos de pássaros, que ele realizou experimentos e escreveu *A origem das espécies*.

Enquanto Charles Darwin estava na Inglaterra passeando sob galhos de árvores, outro Charles – Baudelaire – estava em Paris, escrevendo sobre viagens solitárias de um tipo diferente.

Introdução: Bruxos e xamãs

O tema de Baudelaire era Constantin Guys, o ilustrador e jornalista cujo grande prazer era vagar pelas calçadas da cidade. Seu "caminho de pensar", diferentemente daquele de Darwin, era pavimentado e público, embora não menos uma fonte de inspiração. Foi a descrição de Baudelaire das caminhadas de Guys que estabeleceu o arquétipo e a fantasia do *flâneur*: o passeador solitário, seguindo sua curiosidade sem nenhum destino particular em mente, nenhum lugar para estar além de aqui e agora.

Mais de 150 anos depois, fui em busca dessa fantasia.

⁂

Meses antes de chegar ao hotelzinho com seus gerânios vermelhos, estive em Paris a trabalho para a seção Viagem do *New York Times*. Eu tinha cinco dias e um título: "Sozinha em Paris." A história dependia de mim.

Para encontrá-la, eu saía caminhando. Toda manhã, deixava meu hotel no 9º *arrondissement*, um pouco a leste do apartamento onde Proust escreveu grande parte de *Em busca do tempo perdido*, e não voltava até percorrer cerca de 32 quilômetros em qualquer que fosse a direção que a veneta e os croissants (e a *fougasse* de azeitona e os *financiers* de pistache) me levassem.

Era abril e, como qualquer turista, eu via monumentos e estátuas, ninfas nuas e deuses entre rosas. Mas, sozinha, sem ninguém ao meu lado, pude também ver *le merveilleux quotidien*, "o cotidiano maravilhoso": um golden retriever olhando para um quadro-negro em um café em Montmartre, como se estivesse lendo os pratos especiais do dia; caixas de *patês de fruits* arrumados em grades como diagramas de cores de Gerhard Richter. A cidade tinha toda a minha atenção; eu estava sintonizada no zunido leve de rodas de bicicleta e no aroma de pêssegos no mercado de rua.

Embora eu estivesse viajando sem amigos ou família, cada dia trazia companhias passageiras: padeiros, maîtres, recepcionistas de museus, vendedores de lojas, companheiros viajantes. As horas eram sem pressa e inteiramente minhas, como a "solidão ilimitada" que o poeta Rilke descreveu em carta a um amigo; "esse tomar cada dia como uma vida inteira, esse estar com tudo".

Só que não era uma vida inteira – eram cinco dias. Na última manhã, passei por um portão na rue de Rivoli e entrei nas Tuileries. Aspersores lançavam água no ar. Um homem com um carrinho de mão se inclinava sobre um canteiro de tulipas de caule longo. John Russell, o crítico de arte britânico, escreveu certa vez que a rue de Rivoli parecia dizer à espécie humana: "Isso é o que a vida pode ser... e agora cabe a você vivê-la." Foi isso que aqueles dias em Paris me disseram. Eu me perguntei quando, ou se, veria as tulipas de novo.

Cumprindo a pauta, eu bancava o detetive; participar de tudo, acordar cedo, registrar os detalhes, fazer as coisas que pareciam estranhas e desconfortáveis. Mas a reportagem terminou. Meses se passaram e, de volta a Nova York, os dias se tornavam cada vez mais curtos. Mas minha cabeça ainda estava em Paris. Não era uma questão de sentir falta dos confeitos de creme flertando nas vitrines das *boulangeries*. Eu sentia falta de quem eu era em Paris – o outro eu, a Stéphanie com acento no "e": curiosa, capaz de improvisar, aberta à serendipidade.

Por fim, tirei um fim de semana prolongado para pensar por que eu não conseguia tirar da cabeça aquela viagem específica, por que sozinha em Paris o tempo parecia estar do meu lado; por que meus sentidos se aguçavam; por que eu era capaz de sentir prazer nas menores coisas mas em casa não conseguia ver e sentir com a mesma intensidade. Amigos me emprestaram uma casa vazia perto de uma baía em Long Island, onde, em uma tarde de outono, saltei de um ônibus com o equivalente a uma semana de leitura e de comida chinesa para viagem. Sem carro nem televisão, passei dias orbitando entre um banco na varanda da frente e uma poltrona cor-de-rosa enorme na cabeceira da mesa da sala de jantar, como aquela do chá do Chapeleiro Maluco do filme da Disney de 1951, comendo legumes *lo mein* e lendo sobre diferentes experiências de solidão. Debrucei-me sobre arquivos de jornais e Gutenberg.org. Encomendei livros usados e esgotados. Queria saber o que cientistas, escritores, artistas, músicos e estudiosos pensavam sobre o tempo sozinho, como o usavam, por que ele importava. Às vezes eu caminhava por uma rua sem saída até a baía. Outras vezes, deitava sobre o chão de madeira em uma faixa de sol, olhando para o teto, tentando desconstruir aquelas horas solitárias em Paris. Havia algo ali; alguma maneira de viver que eu não conseguia entender completamente, que dirá levar comigo para minha cidade.

Mas a melhor maneira de entender a solidão encantada que experimentei em Paris não era me deitar pensando nela. Era voltar. Sozinha, é claro.

Se a reportagem para o *Times* tivesse sido minha apresentação à cidade, eu teria considerado meu tempo lá apenas mais um feitiço lançado sobre uma americana sentimental. Mas eu estivera em Paris antes. Na casa junto à baía, eu passaria a suspeitar de que foi a maneira como usei o tempo sozinha no trabalho, e não a beleza e o esplendor da cidade, que tornou meus dias ricos e significativos. Se eu pudesse descobrir o que fizera de maneira diferente naquela viagem, e por que isso parecia tão bom tantos meses depois, talvez eu pudesse adotar práticas semelhantes – e evocar sentimentos semelhantes – em meu quintal.

De volta a Nova York, entrei na internet e reservei um quarto – uma foto de um hotelzinho com jardineiras de gerânios vermelhos na janela atraiu meu olhar – e planejei meu retorno a Paris.

Estar em um lugar desconhecido pode levar a uma mudança pessoal, a uma renovação e a descobertas. Anthony Storr disse que é por isso que muita gente acha mais fácil parar de fumar quando está de férias. As férias rompem a rotina e sinais ambientais cotidianos que podem ser limitadores ou totalmente doentios. De fato, meu objetivo não era dominar Paris. Era dominar a mim mesma: aprender como um tempinho sozinha pode mudar a sua vida – em qualquer cidade.

Este livro é a história do que aprendi em Paris e em outros lugares onde decidi passar um tempo sozinha. Escolhi explorar cidades, e não o interior, porque vivo em uma cidade; porque em cidades podemos aproveitar tanto a privacidade quanto a sociedade; porque, como escreveu Baudelaire, "para o perfeito *flâneur*, para o espectador apaixonado, é uma imensa alegria montar a casa no coração de uma multidão".

Na casa da baía, selecionei quatro cidades no mundo – Paris, Istambul, Florença, Nova York –, uma para cada semana de férias que eu tinha em um ano. (Mais tarde eu revisitaria certas cidades, e esses momentos aparecem nestas páginas também.) Incluí Nova York porque é minha casa; porque quis descobrir como recapturar o assombro de alguém de fora num lugar tão familiar a mim que se tornara invisível.

Os outros destinos acenaram para mim por diferentes motivos. Fui arrebatada pela arquitetura de Istambul. Gostei de pensar em passear em Florença quando as árvores se tornam tão amarelas quanto as casas de fazenda nas encostas. Mas todas as cidades compartilham certas qualidades que falaram a mim como viajante solitária. Todas elas são banhadas por águas, e nenhuma exige carro. A ideia do *flâneur* pode ter origem em Paris, mas foi em Florença que Henry James declarou-se um "encantado *flâneur*", em *Horas italianas*. Sozinhos nas ruelas de Istambul é que os personagens de Orhan Pamuk buscam consolo e intriga. É nas calçadas de Nova York que Walt Whitman canta a América. Parecia impossível omitir várias cidades, como Tóquio e Seul, mas havia a questão prática do meu trabalho, e com apenas uma semana no máximo reservada para cada lugar, excluí locais que exigiam um tempo de voo longo demais.

O que se segue são impressões de quatro viagens; uma carta de amor aos solitários, aos bruxos e xamãs, àqueles que prezam seus amigos, cônjuges e parceiros mas também querem tempo sozinhos para pensar, criar, ter uma aventura, aprender uma habilidade ou resolver um problema. Espero que algo nestas páginas ajude você a encontrar seu "caminho de pensar"; a descobrir o que você quer de seus momentos solitários.

"Quando você faz uma pausa?", escreveu o marido de Julia Child, Paul, quando os Child estavam morando em Paris. "Quando você pinta ou palpita? Quando escreve para a família, recosta-se no musgo, ouve Mozart e observa o brilho do mar?"

Quando está sozinho.

PARTE I

Primavera

Paris

COMIDA

Café et Pluie ~ Café e chuva

A ciência de saborear

> *A palavra degustação significa o que diz: não "consumo de", mas "provar", "saborear"... Você está no país da arte da boa comida, e essa degustação é muito parecida com o que você faz em uma galeria de arte, a não ser que sua alma esteja perdida.*
> — Eleanor Clark, *The Oysters of Locmariaquer*

A rue de la Parcheminerie corre entre um rio e uma colina. Caminhe três minutos ao norte e você estará no Sena; caminhe ao sul e encontrará a Sorbonne. Parte da rua é uma viela de pedestres grafitada. O resto é uma passagem de mão única ao lado de uma igreja com gárgulas de pescoço comprido e um dos sinos mais antigos de Paris. No meio da rua fica o hotelzinho com gerânios vermelhos, o Hôtel Parc Saint Séverin. São 27 quartos. Um era meu.

O quarto 61 tinha todo o desiderato para buscas solitárias: uma cama, uma escrivaninha de madeira delgada, uma poltrona *bergère* com assento de veludo verde que afundava *na medida*. No closet, uma pequena prateleira de livros sobre a França (pontes, o Louvre, Napoleão) e algumas edições de *Madame Figaro* e *Vogue Paris*. O espaço no chão era escasso, embora isso não importasse, já que as cortinas eram puxadas e as persianas romanas amarradas: o sol fluía por portas e janelas de batente que se abriam para os telhados do Quartier Latin.

Da sacada, podia-se ver diretamente abaixo a rue Boutebrie até o Musée de Cluny e o mercado do Boulevard Saint-Germain, que vendia linguiça, *foie gras, navettes* de Marselha e biscoitos da Provence. Podia-se olhar sobre mansardas, cata-ventos e canos de chaminés laranja até o domo do Panthéon, A leste estava uma janela rosa da Notre-Dame; a oeste, a ponta da Torre Eiffel.

De manhã, um homem de cueca boxer aparecia em uma varanda próxima para fumar e regar suas plantas. À tarde, a Abbey Bookshop punha engradados de livros sobre mesas e bancos na rua. À noite, talheres de prata tiniam e vozes se erguiam de mesas que se materializavam do lado de fora do restaurante de fondue ao lado.

Certa manhã, logo depois de eu chegar, depois de as mesas serem afastadas e as ruas onde estudantes haviam caminhado de braços dados no escuro estarem vazias de novo, acordei com trinados e o vozerio suave de crianças. Abri as portas da varanda e o zunido distante de carros passando entrou; o ar frio e a umidade em meus pés descalços. Meninos estavam jogando bola no pátio da igreja. Sinos bateram.

Hora de começar. Vesti jeans, uma camiseta e minha velha jaqueta de couro; enfiei um guarda-chuva na bolsa; deslizei um dedo pelo chaveiro de franjas; e saí do quarto 61. No fim do corredor forrado com papel de parede desci os seis lances da escada em espiral até o saguão, passei pela sala de estar azul-clara com as cestas de pães da manhã e entreguei a chave à recepcionista, salpicando pelo caminho as poucas palavras em francês que eu sabia – *Bonjour, madame! Merci!* – enquanto abria num movimento rápido a porta para a rue de la Parcheminerie.

A Parcheminerie deve seu nome aos mercadores de pergaminho que trabalhavam ali na Idade Média, embora um entre as dezenas de volumes da série do século XIX *Promenades dans toutes les rues de Paris* ("Passeios por todas as ruas de Paris") diga que a Parcheminerie em determinado momento era conhecida como rue des Écrivains, rua dos escritores.

O filósofo e escritor Denis Diderot teve um apartamento ali nos anos 1700. O fotógrafo Eugène Atget começou a circular nos anos 1800, registrando a demolição de lojas da Parcheminerie enquanto a Paris medieval continuava a ser remodelada para a visão de modernidade de Napoleão III. Fotos e desenhos históricos revelam que a rua inteira parecia tão estreita quanto a viela grafitada, com casas e lojas vendendo vinho e bebidas destiladas. Uma das poucas coisas que sobreviveu é a velha igreja.

Exuberante catedral gótica com gárgulas e vitrais, a Saint Séverin data do século XIII pelo menos. Uma placa indica que é dedicada a um São Severino que fundou uma abadia na Suíça, embora também reconheça que se dizia que outro Severino – um eremita do século VI, conhecido como Severino *solitário*, viveu ali perto. De acordo com a lenda, ele foi enterrado no local, ao lado do meu hotelzinho. Um sinal auspicioso.

A Parcheminerie tinha um certo mistério, graças à velha igreja e à sossegada viela de pedestres com suas luminárias de rua pretas e curiosidades nas vitrines. Do outro lado da rua, em uma casa

Luís XV, ficava a Abbey Bookshop. Por trás de sua porta de vidro, banquetas e mesas laterais estavam amontoadas de cabeça para baixo, escondendo um labirinto de livros empilhados tão juntos quanto ossos em catacumbas.

Uma cópia rasgada de uma página de *Paris Buildings and Monuments*, de um arquiteto parisiense, colada com fita adesiva numa lanterna lateral, informava que os mercadores de pergaminho haviam ido embora no fim do século XV. Na porta ao lado, artefatos aparentemente díspares estavam apoiados numa vitrine diante de cortinas fechadas – um chapéu de palha, uma planta de lavanda, uma ilustração de um Buda azulão com as palavras "*le guérisseur*" (o curandeiro) – como pistas de um mistério. Fotografei-os como se tivessem algum significado que mais tarde seria revelado, depois apontei meu iPhone para o hotel. A foto capturou meu reflexo no vidro escuro da porta, o telefone obscurecendo meu rosto como a maçã verde flutuante da pintura *O filho do homem*, de Magritte.

Atravessei para a rue Boutebrie, passando pela fileira de árvores e pelas motocicletas estacionadas atrás delas, virei à esquerda, na *brasserie* da esquina, perdendo de vista o hotelzinho – e me tornei anônima.

Sozinho, não há necessidade de itinerário. Caminhe e o dia se arranja por si mesmo.

As primeiras calçadas do mundo apareceram por volta de 2000 a.C. no que é agora a Turquia. Mas foi em Paris – onde há no mínimo tantos estilos de perambular (*flânerie, dérive, errance*) quanto de beijos no rosto costumeiros (*la bise*) – que a calçada se tornou uma avenida para o prazer. Nenhuma necessidade de seguir a placa de METRO vermelha, estilo anos 1920, ou de embarcar num táxi com "*Parisien*" na luz sobre a capota. Da calçada se pode ter o melhor da cidade de graça. Há pátios floridos escondidos atrás de portas pintadas. Há um gorila de chocolate gigante na vitrine da Patrick Roger, uma vaca sobre o toldo da queijaria La Fermette, um poodle vermelho na vitrine da Hermès. Siga a calçada e pode ser que você encontre uma roda-gigante ou, numa manhã de primavera nublada, pães gordos e redondos, marcados com um "P" numa pequena fachada de tijolos na rue du Cherche-Midi. Sobre as vitrines, numa escrita elegante, estava o sobrenome: *Poilâne*. Eu entrei.

A Poilâne assa pães de levedura pesados, com sal marinho dos pântanos de Guérande, uma cidade medieval na costa oeste da França. Salvador Dalí era cliente (e o raro recebedor de esculturas de pão da Poilâne). Julia Child levou uma equipe ali para filmar uma lição de fabrico de pão. Mas qualquer passante pode parar e entrar para comprar um pão, até mesmo algumas fatias. Uma vendedora me cortou três, cada uma delas tão longa quanto meu antebraço. Apontei para uma torta de maçã e para os cookies crocantes com açúcar fino conhecidos como *punitions* (punições), vendidos num saco transparente apertado no meio, como peixinhos-dourados num mercado de rua.

Eu percorrera meio caminho na rue du Cherche-Midi com o equivalente a 17 dólares em pães e biscoitos num saco de papel quando a neblina da manhã, que uma americana em Paris pode facilmente descrever como poética, tornou-se chuva. O saco molhado começou a rasgar. Uma costela de meu guarda-chuva quebrou e o que restou dele logo estava desabando sobre minha cabeça como um chapéu de sol.

Caminhei alguns quarteirões à caça de algum café escondido antes de me render ao inevitável e buscar refúgio da chuva sob os guarda-sóis verde e branco do Les Deux Magots.

Foi uma tempestade rápida, chegando de repente e cedendo minutos depois. E então, de uma mesa na calçada em meio aos guarda-sóis, pedi um *café crème* e um croque provençal: fatias abertas de torrada tendo por cima tomate, presunto e um domo bronzeado de queijo grelhado.

O Les Deux Magots é a Paris antiga. Não é a Paris do sul de Pigalle ou do Haut-Marais, onde pessoas fazem fila para empanadas e sorvetes no Clasico Argentino e onde o Glow on the Go! vende produtos de beleza ao lado de nitro café gelado e torradas de abacate sem glúten. A palavra "*magot*", como em Les Deux Magots, também é antiga. Refere-se uma estatueta de estilo chinês ou japonês, e há duas delas no café, cujo nome vem da loja de presentes que ocupava o local original do Les Deux, na rue de Buci. O garçom trouxe duas jarras – uma escura e uma clara – e saiu zunindo, deixando-me sozinha com meu café.

Os prazeres da hora da refeição há muito tempo envolvem uma companhia. A palavra "companhia" vem do francês antigo, *compaignon*, literalmente "aquele que compartilha o pão com outro". De fato, a gastronomia francesa está incluída na Lista de Bens Culturais Imateriais da Humanidade, da Unesco (com o tango, a falcoaria e o teatro de sombras chinês), onde é descrita como uma prática social que "enfatiza estar junto".

Compartilhar uma refeição é, sem dúvida, experimentar uma das grandes alegrias da vida. Mas isso não significa que não possa haver algum tipo de conexão quando comemos sozinhos, seja com nós mesmos, com o que está à nossa volta ou com um poder mais elevado. A Unesco afirma que a gastronomia francesa enfatiza "o prazer do sabor" e que alguns elementos essenciais envolvem utilizar produtos locais, combinando comida com vinho e dedicando algum tempo a cheirar e provar itens à mesa. Sozinhos, podemos explorar mercados locais e examinar de perto suas mercadorias. Podemos inspirar e apreciar os aromas de um molho, ou o frescor de uma jarra de creme. Não necessariamente nos demoramos ao fazer essas coisas na presença de uma companhia, particularmente durante uma conversa animada. Uma refeição solo é uma oportunidade de ir devagar; de saborear.

"Saborear" soa como se precisasse envolver uma cadeira Adirondack e uma taça (ou garrafa) de vinho. Mas certa manhã, na rue des Saints-Pères, observei um homem de terno andar apressado por uma calçada, parar abruptamente diante de uma floricultura, meter o nariz numa rosa cor-de-rosa num vaso e inalar antes de retomar a caminhada veloz na minha direção. O que significa exatamente saborear? Relaxar com uma bebida? Uma pausa improvisada para apreciar o aroma de uma flor? E será que isso acontece de repente, como uma chuvarada ou o nascer da lua? Ou há maneiras de convidar isso?

Na última década, a ciência do bem-estar explodiu. Receitas de felicidade abundam, e não faltam estudos sobre isso. (Vale a pena notar que muitos estudos demonstram que, embora um comportamento ou uma ação em particular possam estar associados à felicidade, o comportamento pode ou não ser a *causa* dessa felicidade.) Certas estratégias, como sorrir mais, parecem ideias razoáveis, ainda que óbvias. Outras táticas podem funcionar para alguns tipos de personalidade, embora não haja nenhuma receita universal. Há, porém, várias práticas que os cientistas sociais acreditam amplamente que nos ajudam a florescer.

Saborear é uma delas. Nos anos 1980, Fred B. Bryant e Joseph Veroff sentiram que faltava alguma coisa nas dimensões existentes de bem-estar psicológico, como felicidade e satisfação. Eles ponderaram que devia haver outro fator – algo que tinha a ver com controlar suas próprias experiências positivas. A pesquisa empírica de Bryant envolvendo engajamento e prazer acabaram levando-o ao conceito de saborear. Em *Savoring: A New Model of Positive Experience*, os estudiosos definem isso como "uma busca por prazeres do momento deleitáveis, deliciosos, quase gustativos". Descreve o *processo* de prazer: como uma pessoa administra ou "atende a" não apenas um prazer gustativo, mas qualquer tipo de experiência positiva.

É mais do que tirar prazer passivamente de alguma coisa, explica Bryant, professor de psicologia da Loyola University Chicago. Saborear é objetivar ativamente o máximo de alegria a ser encontrado num momento. Considere o modo como Apollonia Poilâne, dona da Poilâne e neta de seu fundador, descreve seu local preferido, a padaria – "um lugar simples e quieto onde o calor do forno envolve você" – e como ela se entrega ao momento: "Eu gosto de ver e executar os gestos de assar, é como um balé coordenado, e sentir o cheiro do levedo, tocar a massa misturada... Usam-se os cinco sentidos, o que talvez explique o sentimento de realização que se tem depois de terminar de assar a fornada." Num vídeo de seu pai fazendo pão no porão da loja da rue du Cherche-Midi, ele se maravilha com a beleza de um ovo quebrado num círculo de farinha, e em seguida começa a misturar suavemente os ingredientes com uma das mãos, sentindo a textura da manteiga com as pontas dos dedos.

Encontrar alegria no momento foi o que Julia Child fez quando se sentou para sua primeira refeição na França – aquela que despertou uma paixão, uma carreira e uma revolução na culinária americana. "Eu fechei os olhos e inalei o perfume que subia", disse ela sobre se sentar diante de um prato de *sole meunière*. "Então ergui uma garfada de peixe até a boca, dei uma mordida e mastiguei devagar." Tinha gosto de manteiga tostada e de oceano.

É a isso que a escritora Eleanor Clark está chegando quando descreve a degustação não simplesmente como satisfazer a fome, mas como uma atividade que envolve imaginação, tempo e atenção – até mesmo se entregar a um momento de silêncio antes da primeira mordida ou gole. De fato, o filósofo francês Jean-Paul Aron nos conta que, no século XIX, o início de uma refeição era comido em silêncio, só para ser tocado "pelo som quase inaudível de um sorriso escapando de lábios impacientes, ou dos últimos suspiros exalados por carnes chiando, retiradas subitamente do forno".

Para um exemplo concreto, considere o Tokaido, um jogo de tabuleiro francês. Nele, os jogadores precisam percorrer a antiga estrada japonesa Tokaido ao longo da costa até Kyoto, a partir de Tóquio (conhecida como Edo no período em que o jogo se passa), absorvendo vistas de montanhas, mares e arrozais; provando especialidades locais; banhando-se em fontes e água quente; doando moedas a templos; e encontrando pessoas locais. O objetivo do jogo, diferentemente da maioria, não é chegar ao fim da estrada primeiro ou juntar o máximo de dinheiro. É ter a experiência mais rica possível.

Fazer isso não é algo que chega naturalmente a todo mundo, particularmente quando se está comendo, e particularmente quando o que estamos comendo provém de, digamos, uma praça de alimentação numa rodovia, e não de uma garfada de *sole meunière*. Mas pode-se aprender a saborear, e há bons motivos para tentar.

Pessoas que se tornam hábeis em "capturar a alegria do momento presente", como escreveu a psicóloga Sonja Lyubomirsky, da Universidade da Califórnia, são também "menos propensas a experimentar depressão, estresse, culpa e vergonha".

Não existe apenas uma maneira de fazer isso. Há muitas técnicas de saborear que podem ser usadas em qualquer momento, em privado ou em público, sozinho ou com outros. Mas, em geral, todas elas têm uma exigência: que concentremos nossa atenção na experiência presente. Isso pode parecer intimidante, mas há coisas específicas que podemos fazer para conseguir; ações diárias surpreendentemente simples, rápidas e elegantes podem fazer uma grande diferença no modo como experimentamos o mundo.

Naquela manhã de primavera no Les Deux, enquanto as pessoas estavam correndo e desaparecendo em torno da igreja de Saint-Germain-des-Prés, como bolas de bilhar impelidas a se mover, carregando sacolas, empurrando carrinhos de bebê, seguindo para o trabalho e a escola sobre o calçamento cinza molhado e entrando na boca do metrô, eu deslizei um dedo pela asa de minha xícara de café e me recostei na cadeira de ratã.

Para se concentrar no momento presente, explicou Bryant, convém abster-se de certos hábitos, como realizar multitarefas, preocupar-se, agarrar-se ao que é errado ou negativo e ruminar sobre o passado ou o futuro. É mais fácil dizer do que fazer. A maioria de nós passa quase 47 por cento das horas em que estamos acordados todos os dias pensando em algo diferente do que estamos fazendo, de acordo com uma pesquisa de Matthew A. Killingsworth, estudioso da Robert Wood Johnson Foundation Health and Society, e Daniel T. Gilbert, psicólogo de Harvard. Isso importa, dizem os pesquisadores, porque um dos mais fortes indicadores de felicidade é se sua atenção está ou não concentrada onde você está no presente. "As pessoas são consideravelmente menos felizes quando suas mentes estão vagando do que quando não estão", disse Killingsworth ao público de uma conferência do TEDxCambridge. Está provado que isso é verdade, disse ele, mesmo quando nossas mentes devaneiam a respeito de coisas que nos trazem prazer, como sexo.

Felizmente, até mesmo nós, vagueadores de mente, cumpridores de multitarefas e ruminantes, podemos dominar maneiras de saborear. Um método particularmente útil a viajantes envolve o que Bryant chama de "consciência temporal": lembrar a nós mesmos que o momento não durará, que logo a refeição terminará ou a viagem chegará ao fim. Isso pode parecer contrário à intuição, mas a consciência de que uma coisa é passageira tende a aumentar nosso prazer com ela, porque, como Bryant explicou, quando o tempo se torna escasso, ele aumenta a motivação. Essa é a verdade por trás da máxima sobre só saber o que você teve quando passou. E um truque para impedir que isso aconteça, disse Bryant, é tratar o momento em que estamos como se fosse o último da vida.

Para fazer isso, ele sugere identificar as fontes de alegria no momento fazendo a nós mesmos perguntas como *O que é isso que vai acabar? Qual é a alegria nisso; quais são as fontes do sentimento positivo?*

Sozinha à mesa na calçada em Saint-Germain-des-Prés, logo depois de uma chuva de junho, escuto o cantarolar suave do francês sendo falado à minha volta, respiro o aroma do café, sinto a brisa passando por meu rosto, meu cabelo, levando embora o final da tempestade; todas as coisas das quais sentirei falta quando voltar para casa.

Assim como a consciência temporal, podem-se tentar muitas técnicas de saborear em qualquer lugar. Uma delas, chamada "afiação sensorial perceptiva", envolve intensificar uma experiência concentrando-se em apenas um dos seus sentidos – como fechar os olhos para apreciar plenamente a fragrância de uma baguete quente, ou para ouvir melhor as árvores farfalhando ao vento.

Uma estratégia maravilhosa para saborear o início de uma viagem é o que Bryant chama de "autocongratulação": lembrar a si mesmo o quanto você esperou que esse momento acontecesse (finalmente você está tirando férias sozinho!) ou por que você merece estar vivenciando isso (você passou um ano economizando para comprar uma passagem de avião). Essa "antecipação recordada", disse Bryant, é a alegria de apreciar uma experiência pela qual você ansiava. Foi como eu me senti depois de entregar a chave do quarto 61 à recepcionista e sair do hotel caminhando para uma rua vazia, Paris inteira me esperando.

Absorver detalhes e tirar fotografias mentais de um momento é outra maneira de saboreá-lo – um processo que Bryant chama de "construção de memória". Embora essa foto mental capture um registro visual – os guarda-sóis verde e branco do Les Deux Magots, o campanário da igreja romanesca – ela não tem que ser apenas uma panorâmica. O objetivo deve ser construir em sua fotografia mental o sentimento multissensorial do momento também: o ar redolente de chuva cálida, o tilintar de xícaras de porcelana sendo erguidas e devolvidas aos pires, os suaves *mercis* e *au revoirs*. Dessa maneira, quando você evocar mentalmente uma experiência, reavivará mais do que imagens.

Mas, embora saborear tenha a ver fundamentalmente com o momento presente, saboreadores hábeis sabem brincar com o tempo, escolhendo momentos particulares mergulhando no passado ou até no futuro. De vez em quando eles podem decidir saborear por meio de antecipação, antecipação recordada ou reminiscência (mais sobre isso adiante).

Para auxiliar as fotos mentais inseridas em sua memória, Bryant com frequência começa a relembrar a viagem o mais rápido possível, às vezes quando está numa poltrona de um avião a caminho de casa. Ele pode começar recordando até mesmo o dia anterior à partida, arrumando mala e programando o despertador. Sua mente busca os detalhes: a chegada do táxi e a música que estava tocando no rádio do motorista; o sentimento de empolgação com o que estava por vir. Ele tenta reviver a viagem quase em tempo real; tanto que não necessariamente passa pela coisa toda quando o avião aterrissa.

Há uma diferença, porém, entre saborear um momento e se agarrar a ele. Não há lado positivo científico em se agarrar, em lamentar os últimos dias de umas ótimas férias. A aceitação disso exige prática, mas para ser um bom viajante, para ser um bom estudante da vida, como explica Bryant, você precisa aprender a se soltar. "Uma das leis da viagem", disse ele, "uma das leis do reino, é que ela tem que terminar."

É importante aprender a saborear muitas experiências de várias maneiras diferentes, disse Bryant, porque a diversidade de estratégias de saborear em nossos repertórios é um indicativo de o quanto apreciamos o momento – o que poderia explicar por que meu tempo durante a reportagem em Paris, meses antes, foi tão pungente.

Foi por um feliz acaso que as coisas que eu fiz para cumprir aquela pauta também vieram a se tornar estratégias de saborear.

Eu estava vivendo o momento, construindo memória e usando a afiação sensorial perceptiva, porque sabia que mais tarde escreveria sobre a experiência. Eu não estava com as preocupações habituais porque estava longe de casa e de minhas responsabilidades lá. Estava agudamente consciente de que cada momento era passageiro, de que eu só tinha uma chance de conseguir a história. E iniciei as reminiscências quase no momento em que parti, porque eu tinha um prazo. Todos esses parâmetros inadvertidamente me permitiram saborear minha experiência de maneiras que eu simplesmente não conhecia quando estava fora do trabalho.

Muito tempo depois dessa viagem, aprendi que Bryant e Veroff haviam comparado o ato de saborear a "assumir a perspectiva de um jornalista investigativo em relação às próprias experiências prazerosas". Como se vê, há vantagens em trazer os hábitos de um repórter para a vida diária.

Nas mesas da calçada do Les Deux, os clientes se sentam em frente à igreja de Saint-Germain-des-Prés, que existe, pelo menos em parte, há mil anos. Rilke comparou as catedrais de Paris a um mar ou uma floresta. "Elas são solidão e quietude", escreveu ele numa carta à esposa em 1902. "Elas são o futuro assim como são o passado."

As pessoas vão ao Les Deux Magots e ao vizinho Café de Flore não necessariamente pelo que os cafés oferecem hoje, mas pelo que costumavam ser: refúgios de grandes pensadores e artistas que trabalhavam, socializavam e discutiam ali, como Hemingway, Picasso, Sartre, Simone de Beauvoir, Camus, James Baldwin e Richard Wright. O café pode ser caro, mas esse é o preço da história. Às vezes, sinistra: os dias de café de Sartre e Beauvoir foram marcados por uma escassez de alimentos e pelos horrores da ocupação alemã. Mas não pensamos nisso com frequência enquanto bebemos nosso café. Vamos ali porque Hemingway e Sartre iam, porque sentimos que há algo do espírito deles ali, algo que pode ser transmitido, algo que fala a quem queremos ser.

Do lado de fora do Les Deux, barris prateados estavam sendo entregues ao meio-fio, juntamente com engradados de Perrier e garrafas de Badoit. Logo as garrafas seriam esvaziadas. Minha cadeira seria ocupada por outro cliente, quem sabe quantas vezes mais naquele dia, ou naquela estação. Comi o final de meu croque provençal, grata por meu tempo à mesa, pela igreja, pelo café, pela chuva matinal que me levou ali.

⁂

Quando retornei ao quarto 61 naquela tarde, nuvens escuras estavam novamente se acumulando. Para além da varanda, sobre o domo do Panthéon, estavam se fundindo e formando uma faixa sinistra, tão roxa quanto o interior de uma concha de molusco.

Peguei o saco da Poilâne e experimentei alguns cookies de punição enquanto a chuva começava a bater e respingar através das janelas que eu escancarara em antecipação. As ruas abaixo estavam vazias; as pessoas já haviam buscado abrigo quando... *chuá!*

Estar sentada naquele quarto com as janelas abertas durante uma tempestade foi como estar numa casa na árvore com um cobertor de lã. Senti uma espécie de empolgação infantil; uma saudade de trovões. Sozinha, pude escutar a chuva caindo, escutá-la de uma maneira que você não consegue quando alguém está por perto, com uma quietude corporal. Ela caiu forte, encharcando as ruas, dispersando os pombos.

Às vezes, durante minha estadia, eu comia do lado de fora, na varanda, com os pássaros que voavam em arco da igreja para o prédio chanfrado do outro lado. Não é nenhuma vergonha comer assim de vez em quando. A escritora de culinária M.F.K. Fisher certa vez se acomodou em seu quarto de hotel em Avignon de pijama, bebendo champagne. James Beard pediu em seu quarto de hotel um café da manhã de Natal com panquecas de soro de leite com xarope de bordo, bacon, uma tigela de framboesas com açúcar e creme espesso e um bule de chá. O café da manhã é minha refeição favorita para fazer sozinha; só eu e o coro da passarinhada ao amanhecer, um café quente e um croissant ainda morno.

Dobrando a esquina do hotel, no Marché Maubert, um mercado antigo num estacionamento, eu podia escolher frutas. Ou comprar um pote de vidro de iogurte com pedacinhos de cereja do vale do Loire no Laurent Dubois, o *fromager,* onde rodelas de queijo em forminhas de papel de cupcake são decoradas como cookies, com corações escuros, grudentos, de figo e nozes. Passar na Eric Kayser, na rue Monge, para um croissant era essencial. Eu voltava correndo para o Hôtel Parc Saint Séverin, um saco manchado de manteiga à mão, para encher um copo de água da pia do banheiro e tirar as *Vogues* do closet para a mesa da varanda a tempo de ouvir os sinos matinais da igreja.

Infalivelmente, o homem fumante aparecia de cueca boxer. De certo modo, eu era mais parte da rue de la Parcheminerie na varanda do que na rua. Mesmo que ninguém no quarteirão estivesse pronto para o dia ou se importasse em se aventurar a sair, todos podíamos ver uns aos outros em nossos variados estados de desarrumação; semivestidos, falando ao telefone, sacudindo cortinas para o lado, debruçando-nos sobre janelas de águas-furtadas para ver o que estava acontecendo abaixo. De nossos lugares privados, absorvíamos o *quartier*.

A chuva caiu mais forte e mais sonora, deixando os telhados de zinco reluzindo. Então uma explosão de luz branca radiante rompeu as nuvens, iluminou os pálidos prédios de apartamentos e tornou as pétalas de gerânio-hera vermelho transparentes: um autêntico banho de sol. Pouco a pouco, a chuva começou a aquietar, ceder, tornar-se mais suave até... silêncio. Escancarei as portas de dois batentes e pisei descalça na madeira ensopada. Um pássaro bateu asas. Um homem espirrou.

Um menino passou se equilibrando sobre a roda traseira de sua bicicleta.

La Vie est Trop Courte Pour Boire du Mauvais Vin ~ A vida é curta demais para beber vinho ruim

Sobre comer sozinho

Só há uma vida muito boa, e é a vida que você sabe que quer, e você a faz por si só.

— Diana Vreeland

O Comptoir Turenne fica no andar térreo de um prédio do século XIX com venezianas surradas, no Haut-Marais, na extremidade menos badalada da rue de Turenne. Na extremidade mais badalada, o Glow on the Go! serve invenções como o Lolita com cerejas orgânicas e "superalimentos adaptógenos". A Baby Beluga vende biquínis e óculos de sol combinando para crianças pequenas prestes a ir a Capri, e as vitrines da joalheria de Delphine Pariente aconselham: *Soyez heureux*, seja feliz.

    O Comptoir Turenne não tem essa petulância. Suas vistas da calçada são principalmente para uma agência imobiliária e uma loja de ternos masculinos. Ele não está em listas de "imperdíveis". Os visitantes não carregam o peso dos fantasmas de Hemingway e Sartre para viver uma experiência indelével. Tudo isso torna o

Turenne um lugar relaxado para um café da manhã *pour un*. Você pode se sentar sob seus alegres toldos vermelhos e fantasiar que é um parisiense.

As porções, porém, parecem ser calculadas com americanos em mente. O *croque madame* chegou à mesa como se tivesse sido trazido de avião do Cheesecake Factory. O ovo frito com a gema para cima era tão grande quanto uma panqueca. Embaixo dele, um pão espesso e com casca estava coberto de queijo tostado. Ao lado dele, batatas fritas estavam amontoadas numa cestinha de fritura. A salada já estava começando a migrar para fora do prato. Mal houve espaço na mesa para meu *café crème* e os *speculoos* enfiados entre a xícara e o pires.

Contemplei os *speculoos*. O monge budista Thich Nhat Hanh conta uma história sobre quando ele era criança e levava meia hora, às vezes 45 minutos, para terminar um cookie que sua mãe lhe trazia. "Eu dava uma mordidinha e olhava para o céu", escreveu ele. "Então tocava o cachorro com os pés e dava outra mordidinha. Eu gostava de estar ali, com o céu, a terra, as moitas de bambu, o gato, o cachorro, as flores."

Posso devorar um *speculoos* em menos tempo do que o necessário para dizer "*speculoos*". Entretanto, a história de Nhat Hanh repercute numa época em que não é incomum comer uma refeição com uma das mãos enquanto a outra está postando uma foto dela no Instagram. Homens de terno pararam para um café e um cigarro. Crianças estavam sendo levadas a pé para a escola. Para aquele que come sozinho, nenhuma visão é melhor do que a da calçada, mesmo aquela do Comptoir Turenne. Quando você não está sentado diante de alguém, está sentado diante do mundo.

Comi sozinha na França mais do que em qualquer outro lugar, à exceção de meu próprio país, onde mais da metade do tempo em que estamos comendo, comemos sozinhos. Isso é mais frequente do que em qualquer geração anterior. Pressionados pelo tempo no trabalho ou na escola, os americanos frequentemente comem sozinhos no café da manhã e quando estão fazendo um lanche, de acordo com o NPD Group, uma empresa de pesquisa de mercado. Mais da metade das refeições no almoço são solitárias. E mais de 30 por cento dos americanos jantam sozinhos porque são solteiros ou têm horários diferentes daqueles de seus parceiros. A tendência está sendo observada em outros países também. Na Coreia do Sul, por exemplo, são longas as jornadas de trabalho. E, embora muitos possam não estar comendo sozinhos por escolha, o fato de mais pessoas estarem fazendo isso está mudando percepções. "Comer sozinho não apenas se tornou socialmente aceitável na Coreia do Sul", relatou o Euromonitor, observando que Seul é uma incubadora de tendências que se difundem por todo o Leste Asiático e além, "é quase moda."

Seja lá o que for, com muita frequência as refeições que fazemos sozinhos são apressadas e esquecidas, como se não importassem. Nos Estados Unidos, por exemplo, comer sozinho levou ao que o Hartman Group, uma empresa de consultoria para comida e bebida, chamou de "lanchificação de refeições". Certamente, todos nós temos momentos em que temos que comer e correr, mas e o resto do tempo? Por que uma refeição solitária deve ser insossa ou feita às pressas, como se fosse consumida no acostamento de uma rodovia interestadual? Por que não se deveria aplicar o ditado *la vie est trop courte pour boire du mauvais vin* mesmo quando bebericamos sozinhos?

A França tem sua cota de redes de fast-food. (O McDonald's, *McDo*, como é conhecido, é popular.) Ainda assim, os franceses historicamente passam mais tempo comendo do que as pessoas de outros países – mais de duas horas por dia, de acordo com um estudo da Organização para Cooperação e Desenvolvimento Econômico. Mesmo quando o tempo é essencial, inovadores da culinária em cidades como Paris oferecem versões modernas de comida de rua internacional e sanduíches com ingredientes saudáveis que fazem com que o lanchinho rápido ainda pareça nutritivo e relaxado. Como disse a escritora Alice B. Toklas, os franceses trazem para a mesa "a mesma valorização, respeito, inteligência e interesse vivo que têm pelas outras artes, pela pintura, pela literatura e pelo teatro". Essa história de refeições cuidadosamente preparadas e a paixão pelo *terroir*, a combinação de terra e clima que distingue um vinho, tornaram Paris um lugar ideal para se praticar a arte de saborear.

Comer sozinho, porém, em Paris e outros lugares, tem azedado muitos apetites. Nathaniel Hawthorne adorava sua solidão – "É tão agradável estar sozinho", escreveu ele a sua esposa em 1844, quando estava em Concord, Massachusetts – mas não na hora da refeição. "Fico envergonhado de comer sozinho", observou ele em seu diário. "Torna-se a mera satisfação do apetite animal... essas refeições solitárias são a parte mais desanimadora de minha experiência presente."

Comer sozinho chegou a levar o papa a procurar companhia. A tradição do Vaticano recomendava que o pontífice comesse sozinho. Mas em 1959, durante o primeiro ano do papa João XXIII como soberano espiritual, o *Boston Daily Globe* publicou o título: "Ele rompe a tradição, recusa-se a comer sozinho." "Eu tentei durante uma semana, e não fiquei confortável", explicou o pontífice. "Então procurei nas escrituras sagradas algo que dissesse que eu tinha que comer sozinho. Não encontrei nada, então desisti, e agora está muito melhor."

Ao longo dos anos, a única coisa considerada pior do que comer sozinho tem sido comer sozinho em público. Tomando emprestado um termo do sociólogo Erving Goffman, você é um "único", não um "com". Em público, um "com", disse Goffman, tem mais proteção, escolha e liberdade do que um "único".

Quando Steve Martin entra num restaurante movimentado no filme de 1984 *Rapaz solitário* e diz ao maître, "Eu estou sozinho", o maître responde, "Sozinho?", e o restaurante inteiro – a música, o tinido dos talheres, a conversa alegre – para. Todos se viram e olham. Depois de um silêncio prolongado, o maître finalmente diz, "Siga-me, senhor", e aparece um frio holofote sobre Martin, que o persegue até a mesa no centro da multidão, que continua a observá-lo admirada.

O suposto horror de comer sozinho estava fresco como nunca no filme de 2015 *O lagosta*. Num mundo onde humanos que não encontram companheiros são transformados em animais, pessoas solteiras são reunidas num salão de hotel para assistir a esquetes de propaganda, incluindo um chamado "Man eats alone" ["Homem come sozinho"]. O homem sente alguma coisa entalada na garganta, engasga e morre. Num esquete subsequente, o homem começa a engasgar de novo, mas dessa vez há uma mulher do outro lado da mesa que faz a manobra de Heimlich e salva sua vida. A plateia aplaude.

A ansiedade em relação ao modo como os outros nos percebem é aparentemente tão descomunal que um grupo de pesquisadores criou um nome para isso, inspirado no pedido de mesa para um em *Rapaz solitário*: o Efeito Holofote. "As pessoas superestimam a extensão em que suas ações e sua aparência são notadas pelos outros", escreveram Thomas D. Gilovich, professor de psicologia da Cornell University, e seus colegas na *Journal of Personality and Social Psychology*. Eles chegaram a essa conclusão depois de uma série de estudos sobre aparência e comportamento, um dos quais pedia aos participantes para vestir uma camiseta com uma imagem lisonjeira ou potencialmente constrangedora e prever quanto atenção eles poderiam atrair. Em outro estudo, os participantes foram solicitados a participar de um grupo de discussão e estimar o quanto seus comentários positivos e negativos eram proeminentes para outros no grupo.

Num estudo com camiseta, os participantes vestiram uma camiseta mostrando alguém com quem eles ficavam felizes por serem associados, como Bob Marley ou Martin Luther King, Jr. Num estudo diferente, eles vestiram uma camiseta com uma imagem que achavam potencialmente constrangedora: um close-up da cabeça de Barry Manilow. Deixando de lado a questão sobre se o senhor Manilow foi injustamente classificado, os pesquisadores constataram que os participantes dos dois estudos permitiram que seu próprio foco sobre a camiseta distorcesse suas previsões sobre quanta atenção esta obteria.

Resultados semelhantes foram encontrados num estudo envolvendo pessoas que participavam de um grupo de discussão. Ao avaliarem suas contribuições para a discussão, elas superestimaram a proeminência de suas declarações ao resto do grupo. "Uma gafe social 'óbvia' num primeiro encontro, um tropeção desajeitado na frente de uma fila ou uma leitura errada de uma passagem crucial de um discurso preparado – cada uma dessas coisas pode parecer vergonhosa e inesquecível para nós", disseram os pesquisadores, "mas com frequência elas passam despercebidas pelos outros."

Será que esse mesmo princípio se aplica a comer sozinho?

Bella DePaulo, uma cientista social e acadêmica afiliada do departamento de ciências psicológicas e do cérebro da Universidade da Califórnia, Santa Barbara, já saíra em busca de respostas. Para avaliar percepções de pessoas comendo sozinhas, ela e seus colegas da Universidade de Virgínia em Charlottesville levaram quatro pessoas de vinte e tantos anos (dois homens e duas mulheres) e quatro de quarenta e tantos anos (dois homens e duas mulheres) para visitar um restaurante e ser fotografados. As fotos passaram então pelo Photoshop para criar uma variedade de situações: cada participante foi levado a olhar como se estivesse comendo sozinho, ou com uma pessoa do sexo oposto, ou com uma pessoa do mesmo sexo. Os pesquisadores usaram Photoshop, em vez de simplesmente fazê-los se rearrumar em diferentes cenários, para que a expressão facial e a postura permanecessem as mesmas em cada foto, a despeito de a pessoa aparecer comendo sozinha ou com alguém. Isso era importante, explicou DePaulo, para assegurar que eles não fossem julgados de forma diferente por mudarem a postura ou a expressão.

Ela e seus colegas levaram então as fotos para uma área de um shopping center e pediram a centenas de adultos ali para olhar para uma pessoa em particular numa das fotos e dizer por que eles pensavam que essa pessoa saíra para jantar. Se a foto mostrava alguém comendo sozinho, os pesquisadores perguntavam por que eles pensavam que a pessoa estava comendo sozinha. Alguns responderam coisas como, "Ele é solitário" e "Ela parece deprimida". Outros disseram coisas positivas, e até mesmo desejosas, como, "Aproveitar alguns poucos momentos de paz" e "Ele é seguro".

Quando os respondentes observaram as fotos dos pares, houve interpretações negativas (o casal foi jantar "para ter uma conversa porque sua relação precisa melhorar", ou eles queriam "escapar dos filhos") e positivas (o homem estava "jantando com sua esposa para se divertir" e "eles gostam de passar um tempo juntos").

DePaulo, uma proeminente pesquisadora e autora que escreve sobre a vida de solteiro, não publicou suas descobertas numa revista científica. Por quê? Porque o que as pessoas pensaram daqueles que jantavam sozinhos provou ser nem um pouco diferente do que elas pensaram daqueles que jantavam acompanhados, um resultado nulo, como DePaulo o chamou, que ela achou que não seria do interesse de revistas. A idade, o número de pessoas comendo e o fato de elas serem do mesmo sexo ou do sexo oposto não fizeram nenhuma diferença.

"Nunca, em um milhão de anos, nós pensamos que não encontraríamos nenhuma diferença", explicou ela. Quando iniciou sua pesquisa, ela imaginou que pessoas que consideravam comer sozinhas iriam se preocupar que os outros pudessem vê-las como "perdedores". "Não é que as pessoas que comem sozinhas não sejam nunca menosprezadas", disse ela. "Mas quando as pessoas olham para casais em restaurantes, elas também estão dizendo coisas igualmente desdenhosas."

Então por que desdenhar de si mesmo?

Uma *brasserie* de calçada como o Comptoir Turenne é um lugar fácil para começar. Qualquer coisa combina: tênis, camiseta, terno de risca de giz. Você não precisa ser escoltado até uma mesa. Escolha uma da qual goste e sente-se. As mesas de cafés são pequenas; você nunca se sente como se estivesse faltando alguém. Olhe em volta e você notará que outros também estão comendo sozinhos, vivendo a manhã em seus próprios ritmos.

Anos atrás, quando comecei a comer fora sozinha, com frequência eu comia fast-food. O preço era bom e eu não me irritava com o tribunal da opinião pública num McDonald's, onde é comum as pessoas comerem sozinhas. (Além disso, por acaso eu gostava do McDonald's; você pode aprender uma ou duas coisas sobre uma cidade observando o que acontece ali.) Mas isso geralmente significava privar-me de uma nutrição melhor e de oportunidades de experimentar uma culinária regional caseira, uma hospitalidade e uma atmosfera. E então comecei a comer sozinha em estabelecimentos locais alegres, com frequência um brunch, um almoço ou por volta das 18:30, antes da principal hora do jantar. Durante toda a minha vida tive fome para jantar numa hora que as pessoas diziam ser adequada para octogenários. Sozinha, eu podia ser a pessoa de oitenta anos que sempre quis ser. (Imagine, no início do século XIX, o jantar tradicionalmente começava às 17 horas. Só no fim do século foi que as 20 horas se tornaram uma norma, e na época apenas em solenidades.)

Refeição após refeição, comecei a experimentar restaurantes melhores. Fiz questão de aprender como pedir, "*Avez-vous une table pour une?*" ("Você tem uma mesa para um?"), o que pareceu contar pontos com anfitriões e anfitriãs. Refeições em restaurantes de museus também foram uma introdução fácil. Hoje, vários deles oferecem uma comida tão boa que é tentador visitar um museu só para comer ali. (O Le Frank, na Fundação Louis Vuitton, é um exemplo. Jean-Louis Nomicos, o chef estrelado no Michelin dali, oferece um excelente cardápio de almoço francês contemporâneo num recanto de vidro transparente próximo a uma trilha do Bois de Boulogne.) Esses almoços e jantares cedo são não apenas um genuíno prazer, mas também práticos: pratos de menus do almoço ou do dia inteiro em restaurantes melhores geralmente custam menos. E comer mais cedo facilita obter uma mesa em lugares populares cujas vagas em horário noturno podem ser reservadas com meses de antecedência.

Sou tímida e, embora estivesse um pouco preocupada com o que as pessoas poderiam pensar de mim quando comecei a comer sozinha, estava mais preocupada com o que eu poderia pensar de mim se não tentasse. Eu não queria ser alguém que experimentava menos de uma cidade, menos da vida, por ter medo. Então eu fui.

Comendo fora, mesmo em lugares menos estelares, experimentei mais de qualquer cidade onde estive – praticando meu francês terrível com garçons e caixas pacientes, provando pratos desconhecidos, observando pessoas locais, descobrindo onde eu estava em relação a tudo o mais. Na rue de Turenne, por exemplo, fica o ponto de ônibus Saint-Claude, do qual a canção de sucesso "Saint-Claude", da cantora pop francesa Christine and the Queens, tira seu nome. Pessoas saltam do ônibus; descansam sobre o gramado na Place des Vosges; caminham pelo jardim do Hôtel de Sully, do século XVII, com seus arbustos quadrados impecáveis, ao som de pássaros e de um harpista próximo. Mais além estão os portões do mercado de alimentos coberto mais antigo de Paris, o Marché des Enfants Rouges, onde as pessoas locais compram damascos e queijo, baguetes e manteiga, girassóis e rosas. Algumas param no Le Traiteur Marocain, onde um homem com duas batedeiras administra uma pirâmide de cuscuz; outras fazem fila para *galletes* e sanduíches com aromas celestiais.

Comer sozinho é participar dessas experiências. E se por acaso você é uma mulher comendo sozinha, também está exercitando um direito duramente adquirido, que ainda não existe em todos os lugares. "Era impossível a uma mulher andar sozinha", escreveu Virginia Woolf sobre Jane Austen em *Um teto todo seu*. "Ela nunca viajou; nunca circulou por Londres num ônibus ou almoçou sozinha numa loja." De fato, gerações de mulheres simplesmente não tiveram permissão para comer sozinhas em restaurantes e bares. Ainda no início do século XX, os nova-iorquinos estavam debatendo projetos legislativos sobre se as mulheres deveriam ter permissão para comer sem um acompanhante masculino. E não eram apenas homens que queriam manter o *status quo*. "Eu acredito que é uma proteção para todas as mulheres decentes que mulheres sozinhas não devam ter permissão para comer em restaurantes públicos", disse uma integrante do Women's Republican Club em 1908, de acordo com o *New York Times*. Apesar da objeção, o clube aprovou uma resolução favorecendo um projeto de lei que permitiria às mulheres comer em lugares públicos sem uma escolta masculina. Fazer isso, porém, continuou sendo difícil, não por pouco tempo, mas por décadas. Como disse um dono de restaurante ao *Times* em 1964, "Se uma dama de boa aparência sem um parceiro pede uma mesa, você se pergunta por que ela está sozinha, e eu tive minha experiência com essa situação!" Não era incomum presumir que mulheres sozinhas eram como as mulheres de pinturas de Van Gogh e Manet – prostitutas.

As coisas não estavam muito melhores em 1970. Um artigo da revista *New York* naquele ano começava: "Na mais liberal das cidades, uma mulher não tem nenhum direito legalmente garantido de entrar num restaurante." Quando o Mother Courage, o primeiro restaurante feminista do país (de acordo com a Greenwich Village Society for Historic Preservation), foi aberto, dois anos depois, ofereceu um lugar para clientes femininas sozinhas se empanzinarem. "Uma mulher que vem comer aqui sozinha sabe que não se sentirá uma esquisita e não será importunada por homens", disse Dolores Alexander, que fundou o restaurante com sua parceira, Jill Ward, à revista *People* em 1975. Mesmo hoje mulheres ainda estão relatando os mesmos problemas vividos pela geração de Alexander.

Mas, apesar de décadas de atenção indesejada e artigos descrevendo comer sozinho como uma atividade assustadora, as mulheres apreciam há muito tempo uma refeição solitária. M.F.K. Fisher, que não estava imune a se sentir constrangida quando comia fora sozinha, podia discorrer longamente sobre os prazeres de fazer isso. Sua colega escritora de culinária Marion Cunningham, uma defensora da hora da refeição em família, também apreciava comer sozinha: "Às vezes, fazer a ceia sozinha parece privado, tranquilo e abençoadamente libertador", escreveu ela em seu popular *Supper Book*, no qual dedicou uma página à "Ceia Sozinha". Ali, ela exalta brevemente os tipos de refeições não convencionais que podem ser apreciados a sós (ela gostou de uma batata assada com azeite de oliva, pimenta granulada e sal, seguida de sorvete de baunilha), bem como a oportunidade de preparar algo restaurador (para ela, uma sopa de ervilha). Em 2017, o *New York Times* perguntou à humorista Fran Lebowitz quais seriam os três escritores que ela convidaria para um jantar literário festivo. "Nenhum", respondeu ela. "Minha ideia de um ótimo jantar literário festivo é Fran, comendo sozinha, lendo um livro."

De vez em quando, pessoas condenam ler à mesa como sendo "trapacear", como se de algum modo isso não fosse realmente comer sozinho. Obviamente não queremos pôr a comida na boca sem prestar atenção enquanto nos concentramos na leitura, mas, como qualquer pessoa que já se demorou diante de uma refeição sabe, as duas experiências podem ser saboreadas juntas. Para aqueles que estão apenas começando a viajar sozinhos ou a comer sozinhos, um livro é uma ótima companhia. E para aqueles que simplesmente adoram ler, o tempo sozinho à mesa pode ser a única oportunidade de fazer isso ao longo de um dia.

Tenho prazer só de observar os outros sozinhos com seus livros, seja no Comptoir Turenne ou no KB CaféShop, na avenue Trudaine, onde você pode se sentar a uma mesa de madeira comunitária ou, como eu fiz, num banquinho de frente para a rua, na frente aberta da loja. Aqui, um homem escolta seu poodle passando por uma banca de jornais. Ali, um grupo de pessoas com máquinas fotográficas e tripés chega para uma sessão de fotos de moda ao lado de um desprezado carrossel.

Antes enquadrado na esfera de viajantes a negócios, comer sozinho se tornou uma parte significativa das viagens de lazer, bem como da vida diária. Nos Estados Unidos, as reservas para festas individuais cresceram mais de 60 por cento em 2015 em relação aos anos anteriores, de acordo com o OpenTable, uma empresa on-line de reservas em restaurantes. Comer sozinho aumentou por toda a Europa e em partes da Ásia também.

A atmosfera das cidades está começando a mudar à medida que mais pessoas que vivem sozinhas comem fora e gravitam para conceitos favoráveis a estar sozinho, como os "groceraunts" (comer dentro de lojas, em lugares como o Whole Foods e o Cojean), constatou o Euromonitor. No Ichiran, uma cadeia de lâmen japonês, os clientes solitários podem se sentar em "cabines de concentração de aroma" privadas, com divisórias e persianas de bambu que os separam dos garçons, permitindo-lhes concentrar-se no gosto e no cheiro da comida. "Nosso objetivo é que os clientes entendam e apreciem comer a sós, comer sem falar uma palavra com os funcionários, comer apenas entre você, você mesmo, e a comida à sua frente", diz Hana Isoda, ex-diretora de marketing e desenvolvimento de negócio do Ichiran, num vídeo para o Zagat.com. Andy Warhol, que disse gostar de comer sozinho e escreveu sobre querer abrir uma cadeia de restaurantes onde as pessoas pudessem se sentar em cabines e assistir à televisão, teria se animado com o conceito.

Hoje, alguns restaurantes estão procurando atrair clientes desacompanhados dando a eles o tempo de tela que Warhol almejava, oferecendo wi-fi grátis, tomadas e tablets para usar durante a refeição, o que é conveniente para viajantes que precisam carregar seus telefones ou pesquisar direções, embora isso não seja particularmente propício a saborear. Na outra extremidade do espectro está o Eenmaal, um restaurante temporário aberto por Marina van Goor em Amsterdã em 2013. A cada mesa se sentava apenas um e não havia wi-fi. Os clientes chegavam sozinhos, comiam sozinhos e eram incentivados a se desconectar: ler revistas e livros, desenhar, escrever ou simplesmente apreciar a comida e a música. "No Eenmaal", disse Van Goor numa palestra da série Creative-Mornings Amsterdam, "você está em sua própria companhia." Suas palavras fizeram eco àquelas pronunciadas mais de dois séculos atrás pelo compositor Haydn, que certa vez disse a um garçom de hotel para lhe servir um jantar que alguns sustentaram que poderia ter alimentado cinco. O garçom, de acordo com o *Boston Daily Globe* em 1889, disse, "Mas senhor, a companhia não veio".

Haydn respondeu: "Ora! A gompanhia! Eu sou a gompanhia!"

Paris está entre os lugares mais atraentes para ser sua própria companhia. Foi ali que o escritor de culinária da *New Yorker* A.J. Liebling disse ter aprendido a arte de comer. "Com frequência eu estava sozinho, mas raramente solitário", escreveu ele em *Fome de Paris*, as memórias de seus tempos em Paris. "Eu aproveitava os jornais e livros que eram minhas companhias habituais à mesa."

Sob os toldos vermelhos do Comptoir Turenne, os homens sentados em cada um de meus lados – um de jeans skinny e tênis Converse azul-bebê; o outro de terno e gravata – acenderam cigarros pós-café da manhã. Turistas passaram caminhando na direção do Museu Picasso, das galerias de arte da área e da Merci, onde compradores fazem fila num armazém industrial para comprar necessidades da vida moderna, como fones para Bluetooth, óculos cor-de-rosa para computador e sabonete feito de folhas de tomate.

Sentar do lado de fora de um café de Paris no café da manhã é observar a cidade enquanto ela esfrega os olhos para afastar o sono: o tinido suave de uma xícara e um pires, o virar de páginas de um jornal, o transeunte com um cigarro que pede fogo, e eu em minha mesinha redonda, mordiscando um *speculoos*, bebericando meu *café crème*.

Piquenique para um nos Jardins de Luxemburgo

Alternativas para a mesa

Até mesmo o mais simples dos piqueniques pode ser um prazer. Tudo que é preciso é o estado de espírito certo e um lugar para se acomodar.

— James Beard, *The Armchair James Beard*

O Marché Raspail é realizado todas as semanas sob as árvores de uma ilha no Boulevard Raspail.

Lonas coloridas protegem do sol as mesas compridas de azeitonas, cebolas e peixes. Uma mulher exibe sacolas de palha de Madagascar, enquanto meninas com buquês de flores da primavera chamam os transeuntes. Um vendedor me saudou com um "*bonjour*" e estendeu o braço sobre baldes de tâmaras, pistaches e nozes-macadâmias. Em sua mão, uma concha de alumínio continha na ponta uma amêndoa da Grécia tostada. Eu a arrebatei e a pus na boca. Estava coberta de uma fina e aromática poeira de sal.

Uma refeição a sós não precisa acontecer a uma mesa de restaurante. Pode ser desfrutada enquanto se caminha por um mercado semanal como o Raspail. Pode ser feita enquanto se passeia por uma rua como a rue des Martyrs, no 9º *arrondissement*, onde as sex shops deram lugar às queijarias e você ainda pode olhar admirado, embora não para *peep shows*, mas sim para vitrines de *pâtisseries* com *babas au rhum* e *framboisines*. E quando é primavera em Paris, uma refeição solitária pode – e deve – ser feita nos Jardins de Luxemburgo.

Mas primeiro, provisões.

Aos meus olhos novatos, quase todas as barracas de frutas do Marché Raspail pareciam as mesmas. Regra nº 1 para compras no mercado: Na dúvida, siga a francesa mais próxima. Eu acompanhei um par de mulheres de blusas brancas soltas enquanto elas serpenteavam no meio da multidão com suas sacolas, passando barraca após barraca de produtos perfeitamente atraentes, até chegarem a um homem de óculos com um colete cheio de bolsos.

Sua cabeça era raspada. As mangas, enroladas. Ele ia e voltava rapidamente de tinas artesanais cheias de peras, pêssegos e uvas para uma balança, puxando notas de dinheiro do colete, enchendo bolsos do colete de moedas, vertendo conchas de *fraises des bois* e cerejas Starking escuras em sacos de papel. Era um negócio ligeiro. Esperei minha vez, ouvindo atentamente as mulheres à minha frente para pronunciar corretamente *cerise* e *fraise*.

Quando a cliente à minha frente saiu, o homem de colete se inclinou sobre um cesto de cerejas, vasculhando-as com as mãos nuas e a precisão e velocidade de uma máquina, apanhando as cerejas machucadas e jogando-as por sobre o ombro. Quando finalmente ele me olhou, abri a boca – e me tornei Marcel Marceau. Apontei para as cerejas e os moranguinhos. (Regra nº 2: Aprenda a dizer "este" – *celui-ci* – e "aquele" – *celui-là* – o que permite a comunicação em uma variedade de situações.) Ele estava inabalável e encheu até a boca dois sacos de papel bojudos decorados com desenhos simples de frutas e as palavras *"Passion"* e *"Santé"*, Paixão e Saúde.

Paguei, peguei os sacos e me transformei na sombra de outra francesa até uma barraca de queijos próxima, onde ela estava comprando potes de vidro de iogurte da Normandia. Cada um deles tinha em cima estrelinhas dispostas no formato de uma folha verde, o que posteriormente descobri ser o símbolo "Euro-folha", usado na União Europeia para identificar produtos nos quais 95 por cento dos ingredientes agrícolas são orgânicos.

Regra nº 3: Seja curioso. A curiosidade – em relação a uma amêndoa salgada ou a um pote de iogurte – pode tornar o ato de comer uma investigação, transformando a experiência de fazê-lo sozinho. Ele se torna então mais do que satisfazer o apetite. É uma oportunidade de praticar uma língua estrangeira, descobrir onde e como algo é feito, ou simplesmente apreciar uma apresentação habilidosa. É uma chance de experimentar algo novo – por exemplo, com o *chocolatier* Jacques Genin você pode aprender que os caramelos não são necessariamente cubos maleáveis; podem ser doces macios com sabores como groselha negra e ruibarbo – e descobrir sobre costumes locais e honras como o M.O.F., *Meilleurs Ouvriers de France*, um título concedido pelo governo francês aos melhores artesãos do país. Os vencedores, como o *fromager* Laurent Dubois, com frequência anunciam a distinção em suas vitrines ou sobre seus toldos, que podem ser indicadores convenientes para viajantes famintos.

Oportunidades de aprender sobre a arte de comer, a arte de viver, estão por toda parte, como na queijeira Marie-Anne Cantin, na rue du Champ de Mars, onde peças redondas de Coulommiers,

Époisses e Olivet cendré – algumas tão grandes quanto bolos de aniversário – estão empilhadas sobre blocos e degraus de madeira em meio a baldes com garrafas de vinho no gelo e potes de cereja preta e geleia de maçã. Certa vez, passei uma manhã pulando de uma *boulangerie* para outra, visitando vencedores anteriores do concurso anual de melhor baguete da cidade – o *Grand Prix de la Baguette* – para descobrir qual é o gosto da vitória. Como numa refeição opulenta na França do século XIX, não foi estritamente uma experiência de comer, ou atiçar os sentidos. Foi também uma questão de edificação, "um sincero desejo de aprender, provar, apreciar", como explicou Aron.

Subi a uma bancada do Marché Raspail e pedi um pote de iogurte de *citron* (limão), ao que o jovem que trabalhava ali disse algo em francês que não entendi. Imaginando que ele pudesse estar perguntando se eu queria uma colher, respondi *oui*.

Calculei certo. Regra nº 4: Aprecie *petites victoires*.

Sete minutos de caminhada depois, cheguei aos altos portões pretos dos Jardins de Luxemburgo. Carreguei *Passion* e *Santé* para a borda de uma alameda arborizada matizada pelo sol do meio da manhã; cadeiras de metal verdes estavam viradas para todas as direções, como vacas num pasto. Juntei duas: uma para mim, outra para meus pacotes.

Frutinhas vermelhas me espiavam do alto de cada saco. Estavam tão bonitas à luz do sol que cheguei a ter um pouco de pena de comê-las.

O pensamento passou. Abri a boca dos sacos na companhia silenciosa de estranhos em suas próprias cadeiras de jardim, alguns ao sol, outros à sombra, lendo ou absorvendo a vista nos arredores da ação, distantes da Fonte de Médici com suas guirlandas de hera e daqueles que tomavam banho de sol ao redor do lago. Tentei não comer as cerejas como se fossem M&Ms. Considerei onde elas teriam estado antes de o homem de colete vertê-las no saco enrugado, como seria a fazenda de onde elas vinham, como o sol as aquecera nas árvores. A cor delas era tão intensa que se eu as tivesse postado no Instagram, as pessoas teriam achado que eu usara um filtro.

Os Jardins de Luxemburgo foram construídos por Maria de Médici, esposa de Henrique IV, para lembrarem os Jardins de Boboli de sua Florença nativa. E ali estava eu, convidando a mim mesma para um café da manhã, arrastando uma colherinha sobre o topo de meu iogurte, removendo cada camada branca de dentro do pote de vidro. Era azedo, com gosto de limão de verdade. Do outro lado do caminho empoeirado, um homem numa cadeira baixa e funda tomava conta de um banheiro público, recolhendo euros com a mão em concha, entre tragos num cigarro. O vento soprou nas folhas e o sol se moveu para um lado e outro. Logo, eu estava raspando o resto do iogurte no pote. Apanhei a tampa para ver o nome do fabricante a fim de poder encontrá-lo de novo, e ali, em letras de um laranja pálido, estava meu próprio nome: *Les Fromages de Stéphanie.*

Leis de probabilidade podem explicar essa coincidência; meu nome está longe de ser incomum. Qualquer prazer ao vê-lo era provavelmente o que os psicólogos chamam de egotismo implícito: a tendência a preferir coisas – como nomes – associadas a nós mesmos. Ainda assim, parecia uma piscadela do universo, um pequeno sinal, na ausência de pedras de toque familiares de que eu estava no lugar certo, de que tudo era como tinha que ser.

Um amigo certa vez comentou que é por encontros serendipitosos com objetos e estranhos que o mundo fala conosco. Mas temos que estar escutando. De fato, uma pesquisa de Sanda Erdelez, cientista de informação da Universidade de Missouri, sugere que serendipidade não é forçosamente casual – podemos criar situações que conduzem a ela.

Embora algumas pessoas olhem o mundo através de lentes estreitas, outras são o que ela chama de "superencontradores". Elas descrevem a si mesmas como curiosas, com um desejo de explorar e um interesse por diferentes hobbies e temas, qualidades que Erdelez constatou que podem ajudar a torná-las propensas à serendipidade. Certamente, muitos cientistas descreveram o papel que o acaso desempenhou em suas descobertas. O clássico Post-it amarelo para bilhetes, por exemplo, nasceu de tentativas fracassadas de criar um adesivo forte. E a cor amarela original não fazia parte de um grande projeto: era a única sobra de papel que por acaso estava à mão.

Os superencontradores não são apenas animados a encontrar informações, escreveu Erdelez. Eles também são mais sensíveis do que outros para notar informações em seus ambientes. Pense neles como bons detetives. De fato, a origem da palavra "serendipidade" está ligada às histórias de detetive. Em 1754, quando Horace Walpole, um político britânico, estava escrevendo a um amigo e primo distante sobre sua tendência a encontrar o que quer que quisesse onde quer que procurasse, chamou isso de "Serendipidade". Foi uma palavra que ele disse ter cunhado num conto de fadas chamado "As viagens e aventuras de três príncipes de Serendip".

"Enquanto suas altezas viajavam", escreveu Walpole, "estavam sempre fazendo descobertas, por acaso e sagacidade, de coisas que elas não estavam buscando." (Não era bem isso que o conto de fadas dizia, mas foi como Walpole o contou.) Assim, a origem da palavra "serendipidade" está em pistas, "observações atentas" e "insights sherlock holmesianos", como explicam o sociólogo Robert K. Merton e sua parceira de pesquisa Elinor Barber em *The Travels and Adventures of Serendipity*, um mergulho profundo na etimologia da palavra.

Talvez não surpreenda, portanto, que meus momentos serendipitosos tendam a acontecer quando estou sozinha, com tempo para me entregar à curiosidade. Quando reservei um quarto no Hôtel Parc Saint Séverin, eu não tinha a menor ideia de que estaria numa rua antes conhecida como rua dos escritores, ou de que um eremita solitário vivera ali perto e possivelmente estava enterrado na casa ao lado. E pode ser que eu nunca tivesse sabido disso se não tivesse dedicado algum tempo a entrar na proverbial toca do coelho.

Ou considere o dia, quando eu estava em Paris em missão para o *Times*, em que eu me perdi e fui parar ao lado dos jardins do Musée de Cluny. Era uma tarde gelada, molhada, não do tipo que você gostaria de passar ao ar livre. Mas eu estava me sentindo cansada e imaginei que aproveitaria ao máximo estar perdida dando uma olhada por perto. Ao longo do perímetro, cartazes em mostruários de madeira descreviam as características do jardim. Segui pelo caminho lendo cada um deles, até que cheguei ao último e notei algo na esquina à direita.

Era um romance de detetive francês, embrulhado em plástico. Olhei por sobre o ombro para ver se alguém estava observando. Não havia muita gente por perto, e os poucos que estavam ali estavam lendo, dispersos num banco de madeira comprido, como pássaros num fio. Voltei minha atenção de novo para o livro misterioso. Na frente dele estava colado um adesivo, do tamanho de um selo postal, de um livro amarelo com braços e pernas longos e finos caminhando veloz sobre um endereço on-line: BookCrossing.com.

Anos antes, eu havia lido uma publicidade sobre a BookCrossing, uma comunidade de bibliófilos cuja missão era esconder ("soltar" na linguagem do BookCrosser) livros "na natureza" para outros encontrarem e aproveitarem. Pensei que a probabilidade de algum dia eu encontrar um desses livros era infinitesimal. Mas o acaso nos uniu num jardim a quase seis mil quilômetros de casa, num lugar que encontrei estando perdida.

Olhei de novo à direita e à esquerda, relutando até mesmo em tocar no livro por estar vagamente preocupada de que estivesse sendo poeticamente forjada para um pequeno roubo. Reconsiderando, era mais do que isso: era um convite. Apanhei o livro e saí do jardim por um caminho afundado entre muros de pedra baixos, em meio a samambaias e cravos, voltando a me juntar a estranhos na calçada, cada qual seguindo seu próprio caminho.

Enquanto andava, eu olhava e apreciava de vez em quando o romance em minhas mãos, como se tivesse acabado de fugir com um artefato de um museu. E senti uma ligação suave com o universo, que, naquele momento, pareceu-me benevolente e talvez não tão caótico, afinal de contas.

O livro intitulava-se *L'affaire est close, O caso está fechado*, uma tradução francesa de um romance da escritora britânica Patricia Wentworth, de 1937. Mais tarde eu aprenderia que a heroína, Miss Maud Silver, era uma investigadora solteira. Como a Miss Marple de Agatha Christie, era uma das primeiras detetives sobre a qual haviam escrito. Se eu estivesse no jardim com alguém, poderia jamais ter avistado o livro na esquina. Mesmo que o tivesse, uma companhia poderia ter reprimido minhas ideias românticas sobre serendipidade. Sozinha, eu era a narradora de minha própria história de detetive. Aprendendo a estar alerta para os sinais na "vida externa comum", como explica a psicóloga Marie-Louise von Franz em sua seção de O *homem e seus símbolos*, de Jung, uma pessoa "é repentinamente apanhada numa aventura interna empolgante".

Qualquer que fosse a aventura, parecia que de algum modo eu sempre terminava nos Jardins de Luxemburgo, como se estes exercessem uma atração gravitacional. Eu estaria na vizinhança procurando um lugar para tomar um café e me veria atravessando os portões para descobrir uma orquestra de cordas sob copas de árvores, espectadores reunidos em torno do coreto, perdidos em pensamentos privados, a música proporcionando uma cobertura para seus devaneios. Ou estaria caminhando pela rue Bonaparte, passando pela estátua de uma mulher sob um chapelão, *Sous le Chapeau*, e percebendo que estava a apenas um quarteirão dos Jardins. Se tivesse meu próprio chapéu, eu o teria inclinado na direção dela, uma viajante sozinha cumprimentando outra.

Caminhando sozinha numa cidade que não é a minha, penso no que Virginia Woolf desejou às mulheres de Cambridge que foram ouvi-la falar em 1928. "De um jeito ou de outro, espero que vocês possuam dinheiro suficiente para viajar e ficar à toa", disse ela, "para contemplar o futuro ou o passado do mundo, para sonhar sobre livros e demorar-se em esquinas de ruas e deixar a linha do pensamento mergulhar fundo no fluxo."

Sobre ostras e Chablis

Porções de prazer e decepção

Perfeccionismo nunca dá muito certo.
— Julia Child

Em noites quentes de primavera as calçadas do Odéon se enchem de pessoas às mesas, sob toldos e luzes de cafés, em torno de um triângulo gramado formado por três ruas que compartilham um nome: Carrefour de l'Odéon. Ali estão os toldos cor-de-rosa e pretos do Le Comptoir du Relais Saint-Germain. Mais adiante, as mesas de café vermelhas do Les Éditeurs. Guarda-sóis pretos brotam da rua mais curta, do lado de fora do Le Hibou, onde os clientes podem pedir sardinhas da Espanha e pão tostado com manteiga Bordier.

Quase todas as cadeiras de ratã estão voltadas para a ilha gramada, como assentos de um teatro em torno de um palco. Todos podem ver e ser vistos, e o *flâneur* pode observar "o rio de vida fluir por ele em todo o seu esplendor e majestade", como explicou Baudelaire.

Atravessei a ilha depressa até uma cadeira vazia do lado de fora do Les Éditeurs, ao lado de um homem com um expresso e um cinzeiro cheio de tocos de cigarro. O Les Éditeurs não é conhecido pela comida, mas tudo bem. Eu estava planejando um jantar leve no Le Comptoir, ou na casa mais nova ao lado, que serve pequenos pratos num bar em pé. Mas, primeiro, um pouco de Chablis. E para isso o Les Éditeurs era um local agradável para se empoleirar.

O garçom trouxe tigelinhas de amendoim e azeitonas verdes e pretas que eu espetei com um palito enquanto bicicletas e motocicletas passavam zunindo. Do outro lado da ilha, no Le Comptoir, as pessoas já estavam se acotovelando em torno de mesas pretas redondas; comendo, gesticulando, tinindo copos, inclinando a cabeça para trás em risadas. Um filme mudo. Passei os dedos na haste de minha taça de vinho e a noite caiu, suave e branda.

Quando eu estava fazendo a reportagem para o *New York Times*, comi um prato de salmão e wasabi tão bom no Le Comptoir que até pensei em quebrar uma regra pessoal de viagem de nunca comer no mesmo lugar duas vezes. De minha cadeira do outro lado da rua, revivi aquela refeição, desta vez com onisciência, sabendo tudo que aconteceria: que eu retornaria a Paris, que eu começaria a namorar o homem que é hoje meu marido, que eu veria as tulipas de novo.

Antes de partir para aquela missão, eu estivera com vários amigos e colegas e reunira um guia improvisado para a cidade baseado nos lugares, bistrôs e *brasseries* de que eles mais gostaram. Mais de um deles dissera para eu ir ao Le Comptoir. Aquelas conversas não apenas ofereceram ideias e aumentaram minha expectativa – elas foram tão calorosas e abrangentes que se eu nunca tivesse acabado embarcando num avião isso não teria tido importância. Quando meus amigos falavam, pude ver em seus olhos que eles estavam fazendo suas próprias viagens no tempo, retornando a Paris – caminhando em alguma rua, parando à porta de algum café, *ah, como era mesmo o nome?*.

Mais tarde, a milhares de milhas de distância, em alguma *brasserie* onde certa vez eles haviam comido, pensei neles. E assim, apesar das aparências em contrário, eles estavam à mesa comigo.

Entre os amigos com os quais compartilhei mesas e conselhos estavam David e Susan Liederman. Para eles, comer sozinho nunca foi tenso. David, um chefe de cozinha, dono de restaurante e fundador da David's Cookies, comia sozinho com frequência na França nos anos 1960, a era de ouro dos jantares com três estrelas no Michelin. "Eu decidi que iria a cada restaurante três estrelas a que pudesse ir, com ou sem companhia", explicou ele. "Eu não me importava. Na maioria das vezes era sem ninguém. Quando eu dizia às pessoas que fazia isso, elas não acreditavam, porque quem iria à França sozinho, comer sozinho em restaurantes três estrelas?"

Mas ele sabia que jantares finos com outras pessoas poderiam atrapalhar a experiência. Você tinha que escutar e falar em vez de observar o que estava acontecendo no salão de jantar, que ele descreveu como nada muito diferente de uma produção teatral bem coordenada. Ele se sentava no Troisgros, em Roanne, observando, enquanto outros clientes não prestavam a menor atenção à cena que se desdobrava diante deles, desde a coreografia de servir a comida até o que estava no prato em si. Eles davam uma mordida e em seguida acendiam um cigarro.

"Aquilo me deixava louco", disse Liederman. "Eu queria dizer, 'Abra os olhos!'"

Para ele, comer no Troisgros era, como certa vez explicou, "uma espécie de revolução espiritual". Ele recordou uma refeição ali, em 1969, após a qual os garçons trouxeram bandejas de doces, cookies, pudins e um carrinho de sorvete. "Meus globos oculares estavam girando em minha cabeça assistindo àquela cena toda", disse ele. Quando os garçons chegaram à sua mesa, ele disse ao maître que queria experimentar um pouco de tudo. O maître sorriu, moveu outra mesa ao lado da de Liederman e começou a arrumar cerca de trinta sobremesas.

"Até hoje", disse Liederman, "esse é um dos pontos altos de minha vida." Ele tinha vinte e poucos anos na época, mas possuía, como escreveu sobre ele o crítico de gastronomia do *New York Times* Craig Claiborne, "um senso de percepção notavelmente apurado", e passou de apreciador a aprendiz e depois a *chef de partie* do Troisgros.

As coisas mudaram. Notadamente os preços. Mas os truques para ter um bom momento sozinho ainda se aplicam.

"Você não despenca num desses bons restaurantes, saca seu computador e começa a jogar e ignorar o que está acontecendo à sua volta", disse Liederman. "Eles o respeitarão se você parecer estar absorvendo a cena se desdobrando à sua frente." Melhor ainda: peça para ver a cozinha. "Porque isso significa que você está realmente interessado na comida", explicou Liederman, "e o chef a) saberá que você está vivo e b) cuidará de você quando você for comer no restaurante e provavelmente lhe enviará alguma coisa, embora não tenha que fazer isso."

"Isso é diferente de entrar, deixar o casaco na chapelaria, pedir um martíni e enfiar a cara numa tigela", continuou ele. "É mostrar interesse no que o restaurante está fazendo. E isso derruba muitas barreiras."

"Não conheço nenhum chef que não o receberia bem na cozinha. É quase certo que eles serão receptivos ao seu pedido." E se você gostar de vinho", disse ele, "peça para ver a adega de vinhos. Eles adoram mostrar suas garrafas empoeiradas."

Susan Liederman, que tem cerca de trinta anos de experiência possuindo, dirigindo e comprando vinho para restaurantes em Nova York (além de anos comendo fora pelo mundo inteiro), também viajou sozinha na França, jantando em restaurantes de duas e três estrelas. "Portanto eu sei o quanto uma cliente sozinha pode ser bem tratada!", disse ela.

"Era amor por comida, amor por viajar, e eu não tinha medo", disse ela, explicando sua escolha de viajar e comer sozinha. Ao fazer uma reserva para jantar sozinho em restaurantes melhores, ela aconselha dizer à pessoa ao telefone o quanto você anseia por comer ali e agradecer pela reserva. Ao chegar para a refeição, mostre seu entusiasmo, dizendo algo tão simples quanto, "Eu queria muito estar aqui", em particular porque muitos chefs consideram um elogio quando alguém decide comer sozinho num restaurante fino.

Para algo mais casual, ela recomenda restaurantes com bar ou mesas comunitárias – como o La Régalade ou o Willi's Wine Bar, no 1º *arrondissement*. Todo tipo de restaurante tem hoje assentos junto ao balcão em torno da cozinha aberta, seja o Le Pain Quotidien ou o L'Atelier de Joël Robuchon Saint-Germain. Outra opção, disse Susan, é uma aula de culinária. (Veja o guia Dicas e Ferramentas no fim deste livro.) E, embora não se oponha a "le room service", como explicou um hotel em que fiquei certa vez, para relaxar e assistir a um filme, ela não gosta de pensar em viajantes rotineiramente pegando fast-food e comendo no quarto, hesitando em se aventurar a sair sozinhos. "Há um elemento de punir a si mesmo nisso", disse ela, "do tipo 'Não vale a pena me sentar e ter uma boa refeição'".

A noite estava quente e, quando acabei de tomar o vinho no Les Éditeurs, eu também estava. Pus alguns euros sobre a mesa vermelha e atravessei a rua de volta à ilha gramada e ao bar em pé do L'Avant Comptoir de la Mer, que havia sido inaugurado desde a última vez em que eu estivera em Paris.

Havia um balcão de comida ao longo da calçada e, dentro, um bar voltado para lustrosos refrigeradores de vinho. Os clientes escolhiam o que pedir em pequenos quadros – cada um deles com um prato e um preço – que pendiam de ganchos em S no teto. *Adorável!*, você pensa quando vê, embora precise contemplar o jantar com o pescoço numa posição mais adequada para uma noite num planetário. Fiz o pedido apontando no alto uma foto do que pareciam ser bolinhos de camarão fritos.

O lugar era simpático: claro e aberto para a rua. E foi criado pelo chef por trás do Le Comptoir, Yves Camdeborde, e onde o salmão havia sido sublime.

Infelizmente, os bolinhos de camarão, que vinham a ser de ouriço-do-mar, não eram. Ficar em pé num bar para jantar tem que tender a ser uma experiência a sós agradável. É casual, você está diante de atendentes e há pessoas ao seu lado. Tudo isso parece conduzir a uma conversa. Mas eu não falava francês o suficiente para cativar alguém e, de qualquer modo, os outros clientes estavam ocupados com parceiros ou filhos. No Les Éditeurs, eu desfrutara um Chablis gelado e uma vista. Mas eu estava tão decidida a manter o plano e experimentar o lugar mais novo que saí e deixei uma boa coisa para trás. Eu podia sentir meu humor diminuindo.

Felizmente, há outras vantagens em comer em pé: é fácil ir embora. Paguei a conta e fui até a porta ao lado, à *crêperie* em pé do L'Avant Comptoir, outro lugar de Yves Camdeborde. Dentro, o cardápio em quadro-negro listava ofertas doces, como chocolate, banana e Grand Marnier, por 2 a 3,5 euros. Suplementos como mel, flor de laranjeira e creme chantilly custavam mais 50 centavos de euro cada. Pedi um crepe de açúcar e manteiga. O cozinheiro sorriu e concordou, rodando a massa sobre uma frigideira até a panqueca estar pronta. Ele a dobrou, formando um triângulo perfeito, enfiou-a num papel e a passou por cima do balcão.

Na calçada, dei uma mordida e iniciei a lenta caminhada de volta ao hotel. Passei por uma loja que vendia boinas e chapéus de palha com fitas, e por um florista com vasos e cestas de tomate-cereja, lavanda e hortênsias roxas sobre mesas ao lado da porta. E, à medida que andava, eu me senti feliz de novo, inebriada com a mistura de açúcar e manteiga e com a alegria de Paris numa noite de primavera.

Quando me aproximei do hotel, minha varanda se tornou visível com suas cadeiras de café cor-de-rosa, claras como algodão-doce. Resgatei a chave com franjas na recepção, passei pela sala de estar azul onde à noite garrafas de vinho substituíam os pães e subi a escada em espiral até o quarto 61. Peguei uma taça de vinho no closet e escancarei a porta da varanda.

Muito tempo depois de meu drinque no Les Éditeurs, deparei-me com uma crítica antiga na *Time Out Paris*. A revista descrevera o restaurante como relaxado e simples, "com uma clientela mista tendendo a americanos de uma certa idade sozinhos, lendo romances sobre uma taça de vinho". E pensar que eu tivera um momento agradável! Se alguém tivesse me dito que eu seria um desses americanos sozinhos bebendo vinho, eu teria respondido com um desgosto apropriado. Eu poderia nunca ter me acomodado numa cadeira do Les Éditeurs ou pensado numa refeição no Le

Comptoir e me maravilhado com tudo que havia transpirado nos meses desde então. Eu não teria apreciado meu Chablis. Em minha ignorância, tive um momento maravilhoso. Se ao menos a vida fosse sempre assim. Se ao menos não soubéssemos aquilo com o qual deveríamos nos sentir constrangidos.

Na varanda, verti um pouco do Sauvignon Blanc barato que eu comprara na mercearia da vizinhança, sentei-me sob a luz que se esvaía e dei um gole. Era terrível.

Mas eu tinha o céu. Eu tinha os sons suaves das conversas em francês fluindo das mesas ao ar livre do restaurante de fondue abaixo. Tinha a brisa na parte de trás de meu pescoço e a curva de telhados cinza e laranja quando as luzes da Torre Eiffel chegaram.

⁂

A rue Montorgueil é uma ampla via de pedestres no 2º *arrondissement*, ladeada de lojas de queijos, peixes e flores. Engradados de pêssegos, maçãs, uvas, melões, melancias, aspargos e tomates são entremeados de depósitos que abastecem restaurantes e cadeiras de café tão coloridas quanto as mercadorias.

Na Maison Collet, doces cor-de-rosa em papéis de cupcake estavam modelados para parecer porquinhos com rabos contorcidos, sendo que alguns leitões eruditos usavam óculos com aro de chocolate. Na L'Éclair de Génie, uma das várias lojas especializadas em um único produto, os éclairs eram decorados com bolinhas, espirais, folhas e frutas vermelhas, como vestidos dos anos 1960. Alguns tinham cores fortes brilhosas e sabores como Cassis, Ananas e Passion Framboise. Na Stohrer, uma das confeitarias mais antigas de Paris, entrei para experimentar os *puits d'amour*, que eu lera em algum lugar que eram apreciados pela rainha Elizabeth II (o site da Stohrer na internet mostra um vídeo dela de chapéu azul de abas largas saltando de um Bentley na rue Montorgueil). Isso, ai de mim, parecia tê-los tornado populares. "*A demain*", disse o homem atrás do balcão. Estavam esgotados até amanhã.

Um pouco ao norte de toda essa tentação fica o Frenchie to Go, um pequeno restaurante com serviço para viagem. Peças de vidros altas e articuladas se abrem para uma rua tranquila pavimentada com paralelepípedos. Os clientes podem comer em banquinhos na calçada, diante de um balcão estreito que dá para o restaurante, ou dentro, olhando para a rue du Nil. O cardápio fica em quadros-negros acima da caixa registradora: cachorro-quente, pãozinho de lagosta, sanduíche Reuben, pastrami no pão de centeio e peixe com fritas, para citar alguns. No balcão, cartões de visita vermelho-tomate nos quais se lê "Quem é Reuben, porra?" explicam aos visitantes essa escolha popular, mas não consegui me animar com a carne de boi em conserva. "Peixe com fritas, para viagem", eu disse ao homem tatuado e com a cabeça raspada atrás da caixa registradora.

Ele perguntou se eu realmente queria para viagem – uma pergunta peculiar considerando o nome do lugar. Mas ele podia ver que eu queria ficar.

Não que isso importasse. Não havia uma cadeira vazia. Olhei em volta as pessoas em mesas comunitárias e balcões, comendo sanduíches de carne e peixe do Poissonnerie Terroirs d'Avenir, do outro lado da rua, e olhei de novo para o homem tatuado. Atrás dele, homens de avental azul estavam se movimentando na cozinha aberta. Ele se inclinou sobre o balcão, examinou o espaço e apontou para um cliente em pé diante de uma mesa próxima.

"Aquele homem está só esperando seu pedido para viagem", disse ele em inglês.

Era uma mesa redonda alta com dois banquinhos, afastada lateralmente da máquina registradora e ao lado de uma caixa de revistas e uma pilha de guardanapos. A extremidade da mesa estava praticamente esbarrando na caixa de sobremesa, tornando-a um lugar potencialmente desajeitado para devorar peixe com fritas. Mas o homem tatuado foi muito receptivo e, do lado de fora, o céu estava ameaçando chover. "Vou pegar essa", eu disse.

Ele saiu de trás do balcão, perguntou meu nome e me conduziu à mesinha alta. Fui acomodada na borda da cozinha aberta, com vista para a porta da frente e a rua, o que veio a ser um lugar excelente para observar pessoas. Não muito diferente de sentar num bar.

O que faz com que uma mesa para um seja boa? Já comi sozinha em outras grandes cidades, incluindo Tóquio, onde, no Moomin Bakery & Cafe, em Tokyo Dome City, são oferecidas companhias a clientes sozinhos, na forma de grandes monstros de pelúcia conhecidos como Moomins (personagens dos livros de Tove Jansson). Durante algum tempo, um personagem de Hello Kitty chamado Keroppi também teve seu café temático, onde clientes sozinhos podiam se sentar diante de um sapo. O homem tatuado pôs talheres de prata e uma jarra de água sobre minha mesinha alta, explicando: "Caso você tenha sede." Quanto mais eu comia sozinha em Paris, mais parecia que eu era tratada não apenas bem, mas às vezes melhor do que quando estava acompanhada. Quando meu pedido ficou pronto, ele retornou, quase cantando meu nome enquanto navegava por cima com um filé dourado num barco de papelão. "Peixe com fritas", anunciou, abaixando o prato.

O filé estava aninhado num leito de fritas crocantes, bronzeadas, e no que parecia ser uma espécie de molho tártaro verde, mas que na verdade era um *hash* de ervilha de gosto sublime (ainda que não a aparência), tão bom que o usei em vez de ketchup. Peguei uma batata frita quando a chuva começou e as pedras cinzentas e secas da rue du Nil ficaram molhadas e prateadas. Os funcionários retiraram os bancos da calçada e fecharam as janelas altas, encasulando-nos ali dentro. Tive a refeição certa para uma tarde chuvosa: quente, crocante, com um toque picante, extremamente reconfortante. A chuva não durou. Nem as fritas.

Cuidaram igualmente bem de mim no Minipalais, o restaurante, bar e lounge escondido-em-plena-vista que serve uma comida francesa moderna e saborosa no Grand Palais, ao largo do Cours la Reine, um dos poucos lugares para escapar das multidões de turistas no 8º *arrondissement*. Um dia, pedi uma mesa no terraço com colunatas, palmeiras em vasos, cadeiras de braço de ratã e piso em mosaico, com vista para a avenue Winston Churchill. O lugar estava movimentado, mas o recepcionista ofereceu várias opções de mesa e se empenhou em encontrar um cardápio em inglês, embora eu tenha lhe dito que não se importasse, porque eu podia decifrar o francês suficientemente bem.

Em outra tarde, no Boulevard du Montparnasse, fui ao La Closerie de Lilas, um restaurante e bar que existe desde os anos 1840. Foi visitado por gente como Rimbaud, Fitzgerald e Hemingway, que o menciona pelo menos meia dúzia de vezes em *O sol também se levanta* (grande parte do qual ele escreveu quando estava no La Closerie). Há anos um amigo que cresceu na França vinha me incentivando a ir, e mais de uma vez eu passara caminhando junto ao terraço arborizado. Dessa vez, entrei.

O tempo estava úmido, e eu estava cansada, carregando algumas sacolas de compra molhadas. Eu chegara às 15:30, quando o movimento estava quase morto e tocava uma espécie de versão para elevador de "Joanna", de Kool & the Gang. Quando acompanhei o garçom até a *brasserie*, não me ocorreu de pedir para sentar sob as árvores.

Dentro só havia três mesas ocupadas, e o piano-bar de zinco estava vazio, suas prateleiras de bebidas cintilando à meia-luz. Em poucas horas aquilo seria uma colmeia alvoroçada de clientes abastados bebendo "Pimm's Champagne" de 18,50 euros sob o brilho quente de castiçais de parede vermelhos. Pus meu sortimento de sacolas úmidas sobre a cadeira à minha frente, constrangida por elas e por mim mesma, e desabei numa banqueta marrom. As persianas romanas estavam abaixadas, fazendo o lugar parecer triste, apesar do teto de vidro, quando estendi o guardanapo sobre o colo. Parecia tarde demais para levantar e sair.

Quando o garçom retornou, pedi seis ostras grandes. Ele rabiscou em seu bloco de notas e em seguida parou, caneta suspensa no ar, esperando.

Empinei a cabeça e me sentei mais reta. Ele permaneceu inclinado sobre o bloco de anotações, a caneta preparada.

"E para depois?", perguntou ele, erguendo apenas os olhos.

Eu não queria nenhum "depois". Mas, em vez de dizer isso, pedi mais. Eu estava desmazelada e úmida, e não queria parecer sovina, ainda por cima. E foi assim que, num dia de primavera em Montparnasse, comi um prato inteiro de ostras – e um prato de salmão e *tartare* de abacate.

O *tartare* estava bom, mas as ostras – frias, molhadas, com um gosto leve do limão que respinguei sobre elas em seu suporte de metal gelado – eram a perfeição. Eram também um prato de quase trinta euros. Suponho que você poderia dizer, Qual é o preço do amor? Ou, como disse Eleanor Clark: "Obviamente, se você não ama a vida, não pode apreciar uma ostra."

Não muito tempo depois do *affaire* La Closerie, saí para uma refeição menos solene no Champs-Élysées. O número 140 é um restaurante de dois andares com vista para a ampla calçada. As pessoas vêm e vão em direção ao Arco do Triunfo e ao trânsito que se enrosca em torno dele. Abri a porta, passei suavemente pelo público em direção ao balcão e pedi um sanduíche Filet-O--Fish.

E para depois?

Um sundae de baunilha com calda de chocolate. Total do jantar no McDonald's do Champs-Élysées: 7,10 euros. Olhei para a caixa do Filet-O-Fish. "*Savourez*", dizia ela. "Saboreie."

Foi o que fiz.

BELEZA

Musée de la Vie Romantique

Como estar sozinho num museu

> *Graças à arte, em vez de contemplar um só mundo, o nosso, vemo-lo multiplicar-se, e dispomos de tantos mundos quantos artistas originais existem...*
> — Marcel Proust, Em busca do tempo perdido

No fim do caminho de pedras arredondadas, o pátio estava em flor.

Tentáculos de hera se estendiam além dos muros. Trepadeiras de rosas se emaranhavam acima de um banco. Hortênsias *lacecap* e malvas brotavam em seus vasos, e pequeninas flores silvestres brancas se juntavam em torno de canteiros isolados, preenchendo os vãos entre os degraus. No meio disso tudo estava uma mansão de 1830, num tom rosa bem claro, com venezianas verdes: o Musée de la Vie Romantique.

Fluía uma música de piano vinda da sala de visita, atravessando as portas de vitrais, passando pela entrada e chegando à escada ao lado do jardim de chá, como uma anfitriã dizendo suavemente, *Entre, entre.*

Dentro, cortinas pesadas flanqueavam as janelas da sala de visita, que tinha um tapete floral e um retrato escuro de George

Sand. De cada lado do consolo da lareira, o brilho de candelabros elétricos se refletia num grande espelho. E no meio da sala, quatro cadeiras estofadas circundavam uma escrivaninha Luís XV e um candelabro apagado, como se a qualquer momento um médium pudesse chegar com um fósforo e iniciar uma sessão para evocar o fantasma da escritora.

Embora uma árvore genealógica de "George Sand" (mostrando tanto seu pseudônimo quanto seu nome verdadeiro, Dupin) seja exibida numa parede perto da entrada, Sand nunca viveu ali. O museu é a antiga residência do pintor holandês Ary Scheffer e, agora, abriga obras e memorabilia dele e de seus amigos mais conhecidos, incluindo Sand, que às sextas-feiras era convidada a visitar seu ateliê.

A mansão fica na Nouvelle Athènes, assim chamada devido às casas neoclássicas do distrito, numa rua antiga chamada rue Chaptal, que já abrigou um jovem Serge Gainsbourg e os escritórios do Hot Club de France, "o Partenon de jazz de Paris", como o descreveu Michael Dregni em *Django*, onde Django Reinhardt e Duke Ellington tocavam.

Numa sala ao largo da entrada do museu estão também objetos que pertenceram a Sand, incluindo um molde de gesso da mão esquerda de seu amante, feito por Auguste Clésinger. O amante era Chopin, que também caminhou por esses corredores, assim como Rossini, Liszt e Delacroix, ele próprio um proponente do tempo sozinho. (Seu antigo apartamento e ateliê na bela Place de Furstenberg também é um museu.) "Como se pode manter o entusiasmo concentrado em um tema quando se está sempre à mercê de outras pessoas e em constante necessidade de sua sociedade?", perguntou-se ele em seu diário. "As coisas que experimentamos por nós mesmos quando estamos sozinhos são muito mais fortes e muito mais frescas."

Pesquisas sugerem que isso é verdade. Um estudo, parte de um projeto apoiado pela Fundação Nacional de Ciência da Suíça, constatou que visitantes que compareceram a uma exposição num museu de belas-artes com outras pessoas a acharam significativamente menos estimulante para o pensamento, foram menos convencidos pelo projeto da exposição e foram menos capazes de apreciar o espaço do museu em silêncio do que aqueles que o percorreram sozinhos. Aqueles que foram com companhias experimentaram a beleza das obras de arte em menor medida, e foram menos capazes de experimentar uma conexão profunda com a arte.

Para o estudo, mais de 550 visitantes do Kunstmuseum St. Gallen, na Suíça, receberam uma luva de dados eletrônicos para vestir enquanto passeavam pelo museu. A luva permitiu aos pesquisadores registrar os caminhos dos participantes bem como outras informações, incluindo o tempo que eles passaram diante das obras de arte, sua velocidade, batimento cardíaco e flutuações no nível de condutância da pele, um potencial indicador de processos emocionais. Os participantes também preencheram um formulário da pesquisa antes de entrar na exposição e depois de sair.

O estudo, publicado na revista *Museum Management and Curatorship*, verificou que as conversas interferiram na conexão dos visitantes com a arte. Pessoas que não estavam discutindo a arte com uma companhia foram emocionalmente estimuladas pela arte com mais frequência e com mais força. Foram capazes de "entrar na exposição com 'todos os seus sentidos abertos e alertas' num grau maior".

Quando vou a um museu com amigos, eu me lembro do passeio. Quando vou sozinha, eu me lembro da arte. Certamente, a visita a um museu como ocasião social é uma maneira maravilhosa de passar o tempo com pessoas que amamos. Mas há também aspectos positivos numa ida a sós, como sugere a pesquisa. A resposta de uma pessoa a uma obra de arte pode ser uma experiência emocional, privada. Há pinturas e esculturas nas quais você quer penetrar, com as quais você quer lutar ou diante das quais quer simplesmente se sentar em silêncio.

De fato, embora a sabedoria convencional sustente que a interação social ajude os visitantes de museu a aprender discutindo o que estão vendo com aqueles que os acompanham, um estudo publicado na *Curator: The Museum Journal* desafiou essa noção, mostrando que não há nenhuma vantagem de aprendizado significativa em ir com outros ou ir sozinho; as duas experiências podem ser igualmente benéficas, só que de maneiras diferentes. Semanas depois da visita, "a probabilidade de que visitantes solitários e visitantes em pares tivessem discutido com a família ou com amigos as coisas que haviam visto ou aprendido era a mesma", relataram pesquisadores da Queensland University of Technology, em Brisbane, Austrália. Para o estudo, cerca de quarenta visitantes sozinhos e quarenta visitantes em pares foram observados e entrevistados durante suas visitas ao Queensland Museum. Quatro semanas depois, 40 por cento dos participantes foram entrevistados por telefone. Quando perguntaram a eles como estar sozinho contribuiu para a experiência, a resposta mais comum foi que isso lhes permitiu explorar a exposição em seu próprio ritmo. Outros motivos apresentados relacionavam-se a ter mais escolha e controle, e liberdade para se distrair. Os participantes apresentaram respostas como "Posso olhar aquilo que quero olhar", "Posso mergulhar mais nisso", "Posso sentir o que sinto sem o estímulo de outros" e "Você deixa mais coisas escaparem quando está num grupo".

Sozinhos, podemos também personalizar nossa visita. Sandra Jackson-Dumont, que supervisiona programas educacionais no Metropolitan Museum of Art, em Nova York, sugeriu certa vez que aqueles que vão a museus podem ser os "curadores" de suas próprias experiências, pesquisando a coleção antecipadamente e escolhendo assuntos ou temas específicos (jardins, oceanos, cães) de interesse pessoal. O balcão de informações de um museu pode fornecer orientação, e instituições maiores com frequência oferecem na internet itinerários para visitas temáticas ou abreviadas. Um itinerário no Louvre, por exemplo, passa por uma dúzia de obras-primas – incluindo a Vênus de Milo, a *Mona Lisa* e a Grande Esfinge de Tânis – em uma hora e meia. As perguntas livres e os planos de lições que museus como o Metropolitan Museum of Art e o Museu do Vaticano, em Roma, postam na internet para estudantes são valiosos para adultos também. Para personalizar mais a experiência, Jackson-Dumont disse que podemos também querer fazer nossa própria *playlist* em casa e levar fones de ouvido para o museu, o que nos permite caminhar pelas galerias com Drake ou Debussy.

Às vezes, queremos caminhar devagar para ler cada pedacinho do texto de parede, ou aproveitar inteiramente o passeio com o audioguia. Outras vezes, queremos nos movimentar como num clipe. Por exemplo, num dia de primavera em Paris, eu não queria passar as horas mais ensolaradas dentro do sombrio Musée Nissim de Camondo, com seus móveis franceses do século XVIII.

Numa exposição chamada *La Toilette: The Invention of Privacy*, no Musée Marmottan Monet, não fiquei por muito tempo porque as galerias estavam lotadas. A mostra explorava como, ao longo de séculos, o banheiro deixou de ser um espaço social, onde mulheres eram acompanhadas por camareiras e pela família, para se tornar um espaço de solidão, até mesmo de contemplação. Havia pinturas da série Depois do Banho, de Degas, e *Marthe à la toilette* (1919), de Pierre Bonnard, em que Marthe "parece estar pensando, permitindo-se longos momentos sozinha", como sugeria o texto de parede. Eu estava interessada na mostra, mas me movimentei rápido; olhar uma pintura quando temos espaço físico para esquecer onde estamos é diferente de quando estranhos estão sem querer roçando nosso ombro ou entrando em nossa linha de visão.

Por outro lado, num momento diferente, quando eu estava vendo a obra do artista brasileiro contemporâneo Vik Muniz na Maison Européenne de la Photographie, no Marais, fiquei encantada em me demorar. A mostra incluía sua *After the Bath, After Degas (Pictures of Magazine 2)*, 2011, uma interpretação da série de Degas em que a imagem da mulher nua solitária é composta de páginas de revistas e papéis rasgados com partes de rostos e corpos de mulheres. Muniz faz com comida, sujeira e lixo o que impressionistas e pontilhistas faziam com tinta. Ele usou chocolate derretido para criar uma foto de rostos numa multidão em *Individuals (From Pictures of Chocolate)*, 1998, e molho de macarrão para compor *Testa di Medusa*, de Caravaggio, rebatizando-a de *Medusa Marinara*, 1999. O museu estava praticamente vazio na manhã em que cheguei. Era a primeira vez que eu via o trabalho de Muniz, e pude experimentar a alegria da descoberta, esquecida de mim mesma. Pude me aproximar de *After the Bath* para examinar as cores e formas

Musée de la Vie Romantique

dos fragmentos de revista individualmente e, em seguida, recuar para apreciar como eles formavam o todo.

Mas a experiência num museu nem sempre é sobre as obras específicas à vista. O museu em si pode ser um "ambiente restaurador", um lugar que pode "criar uma sensação de paz e calma que permite às pessoas recuperar sua eficácia cognitiva e emocional", como explicaram Stephen Kaplan, psicólogo evolutivo da Universidade de Michigan, e seus colegas na revista *Environment and Behavior*.

Para mim, isso quase sempre é verdade. Como uma igreja ou um templo, um museu tem sua própria arquitetura física e psíquica. Arte abstrata ou ossos de dinossauro podem nos ancorar ao mundo, enquanto o espaço em si permite à mente fluir, fazendo associações livres, produzindo significado. Essa tranquilidade pode ser sentida na mesma medida tanto na caixa branca vazia de um museu de arte moderna como nos corredores escuros, galácticos, de um planetário. Pode ser experimentada em saguões de esculturas, em meio a nus brancos congelados, ou num pátio florido entre galerias.

Eu era adolescente quando a primeira grande retrospectiva da obra de René Magritte nos Estados Unidos em 25 anos foi aberta no Metropolitan Museum of Art. Durante uma visita da turma da escola, tivemos permissão para nos separar e passear por conta própria entre pinturas de esferas e maçãs verdes. Essa foi minha introdução a Magritte, e fiquei encantada com os chapéus-cocos, as baguetes flutuantes, as palavras francesas, os guarda-chuvas pretos, ao mesmo tempo divertidos e perturbadores. Eu ficava em frente às pinturas, energizada pelo prazer da descoberta não necessariamente de algo nelas, mas em mim.

Sozinhos, podemos criar uma relação especial com a arte, observou Stéphane Debenedetti na *International Journal of Arts Management*. Além disso, a "elevada, austera e até mesmo mágica atmosfera de um museu", conforme ele a descreveu, pode permitir "autorreflexão, tranquilidade e liberdade pessoal". Pode capacitar os visitantes a "desenvolver identidade e autoconhecimento livres de restrições sociais". Em outras palavras, os museus podem ajudar a fomentar a autorrealização.

Mas, apesar dos potenciais benefícios de uma visita solo ao museu, muita gente tende a se abster da experiência, de acordo com uma série de estudos de Rebecca K. Ratner, professora de marketing da Robert H. Smith School of Business, da Universidade de Maryland, e Rebecca W. Hamilton, professora de marketing da McDonough School of Business, da Universidade de Georgetown.

Os participantes de um estudo vaticinaram que ir ao cinema ou a uma exposição de arte não seria tão divertido se fossem sozinhos, e se preocuparam que as pessoas pudessem inferir que eles não tinham muitos amigos. Mas quando os participantes exploraram uma galeria de arte sozinhos, seu prazer com a experiência não diferiu significativamente daquele das pessoas que compareceram em pares. Por não nos dispormos a ir sozinhos, escreveram os pesquisadores na *Journal of Consumer Research*, perdemos oportunidades – experiências que podem ser prazerosas, intelectualmente estimulantes e levar a novas e possivelmente significativas conexões com estranhos (mais sobre isso adiante).

Da mesma maneira que chegar a museu com uma companhia não significa que precisamos passear pelas galerias com ela, ir sozinho também não precisa ser completamente isolador. Podemos romper períodos de solidão conversando com um docente ou assistindo a uma palestra. Muitos museus hoje facilitam estar sozinho mas ainda assim ter uma sensação de conexão por meio de visitas guiadas, palestras e aplicativos para passeios com audioguias. (Passeios a pé com smartphone em cidades como Londres e Tóquio, bem como em muitos lugares dos Estados Unidos, são outro recurso: dê uma olhada no guia Dicas e Ferramentas, no fim deste livro.)

O romancista John Steinbeck escreveu certa vez sobre como podia ser opressivo visitar um museu amplo como o Uffizi ou o Prado. Porém, mais tarde, depois de ter um tempo sozinho para pensar em tudo o que havia visto, ele pode retornar às galerias para revisitar aquelas obras específicas que haviam falado a ele.

"Depois da confusão, posso entrar no Prado em Madri e passar sem ver as mil pinturas disputando minha atenção", escreveu ele em *Travels with Charley*, sobre sua viagem de carro a sós (se você não contar seu poodle francês) pelos Estados Unidos, "e posso visitar um amigo."

༺✥༻

Do lado de fora do Musée de la Vie Romantique, à sombra de galhos de árvores e guarda-sóis, visitantes estavam espalhados por bancos e cadeiras de café no jardim de chá com rosas cor-de-rosa. Atravessei o pátio até o caminho sombreado entre muros altos treliçados, voltando à calçada.

De certo modo, Paris inteira é um museu de vida romântica. Há séculos, seus apartamentos, igrejas, bares e restaurantes oferecem um respiro a homens e mulheres que prezam seu tempo sozinho. Por causa disso, é fácil concluir que na cidade deve haver centenas de casas de artistas e escritores abertas regularmente ao público. Mas, na verdade, são poucas, como a Maison de Victor Hugo, no 4º *arrondissement*, na Place des Vosges, e a Maison de Balzac, no 16º *arrondissement*. O que tipicamente resta de escritores são museus que mostram recriações de seus espaços de trabalho, ressuscitados com o uso de objetos pessoais que sobreviveram a eles, como é o caso de Marcel Proust.

Certa manhã, no Marais, ouvi a distância o eructar de uma tuba tocando um refrão sonolento, antigo. Era alegre, embora não exuberante; uma espécie de alegria frágil. Soava como pano de fundo para uma reunião e, de fato, quando virei a esquina da praça Georges-Cain, encontrei uma pequena multidão formada na rue des Francs-Bourgeois.

A tuba estava nos braços de um homem de cabelo grisalho de short e sandálias. Ao seu lado estavam um clarinetista, um banjoísta e uma mulher mais velha de casacão e boina oliva com uma flor na lateral, dançando no lugar como uma marionete, mexendo os dedos e dando chutes, em movimentos de outra época.

Do outro lado da rua, por trás de imensos portões de ferro batido, estava o jardim central do Musée Carnavalet, dois casarões que contam a história de Paris, desde canoas pré-históricas até recriações de salões de séculos atrás com objetos que pertenceram a parisienses notáveis, como a cama de metal de Proust na qual ele escreveu grande parte de *Em busca do tempo perdido*. O *tute-tute* da tuba veio atrás de mim quando passei sob a arcada, para além dos labirintos de cerca viva baixa com flores coloridas brotando, e cheguei à bilheteria. A entrada era grátis, disse o homem atrás da mesa, porque o museu estava sendo preparado para uma reforma. Comentei sobre a minha sorte. Ele fez uma careta e explicou que lamentavelmente muitas salas já estavam fechadas, o que não me desestimulou. Há cerca de cem salas no Carnavalet e, naquele dia em particular, eu estava ali para apenas uma.

Conversamos um pouco sobre isso e aquilo, e de onde eu era, antes de eu acenar um até logo, atravessar o pátio e entrar nas galerias com elaboradas placas de metal, algumas do século XVI. Havia placas em formato de tesoura gigante para alfaiates, um garfo para um dono de hospedaria, uma chave para um serralheiro, de modo que até mesmo visitantes que não pudessem ler soubessem o que os variados comerciantes ofereciam. Uma placa "Chat Noir" de chapa metálica pintada, no formato de um gato maltrapilho de olhos amarelos com o rabo enrolado em torno de uma lua crescente, pendia do teto. No fim dos anos 1800, ficava pendurada do lado de fora do cabaré Chat Noir, em Montmartre.

Subi a escada, cruzei sala após sala de móveis ornados, passei pela escrivaninha de Madame de Sévigné (ela morou no Carnavalet durante quase vinte anos), pensando a cada passo que a sala seguinte seria a de Proust. Ele a forrara de cortiça para afastar barulhos, o que tornava a tuba eructante lá fora particularmente cômica.

Cheguei ao fim de um longo corredor e reconstituí meus passos, mas não havia mais nenhum lugar para ir. Enfiei a mão em meu bolso de trás, desdobrei uma brochura do museu com espaços sombreados indicando as áreas que estavam fechadas e descobri que elas incluíam a sala 147 – aquela com móveis dos apartamentos onde Proust morou.

E então, no fim das contas, eu vi a cama de metal na qual Proust escreveu *Em busca do tempo perdido* não na sala 147 do Musée Carnavalet, mas num cartão-postal da loja de presentes. Foi um pouco triste. A cama de metal estava encostada em paredes amarelas, forradas de cortiça, dando à arrumação um ar institucional. O verdadeiro apartamento onde a cama e as paredes de cortiça haviam estado ficava a aproximadamente quatro quilômetros de distância, e se tornara um banco.

Para evocar Proust em Paris, é mais divertido fazer isso em um dos antigos lugares que ele frequentava. Há muitos, inclusive o vasto Bois de Boulogne, na extremidade oeste da cidade. Mas, como o próprio Proust apreciava a quietude – "Descubro prazeres de outro gênero", escreveu ele em *Em busca do tempo perdido*, "sentir o cheiro bom do ar, não ser incomodado por nenhum visitante" – decidi ir a um lugar mais íntimo: o Parc Monceau.

∞

As ruas longas de pálidas casas de pedra, imaculadas e simétricas, com suas janelas altas e varandas de ferro batido, estavam praticamente cegando sob o sol. O tempo estava atipicamente quente, mais como caminhar na cidade velha de Istambul do que no 8º *arrondissement*.

No século XIX, essa área deixou de ser uma comuna nos arredores da cidade para se tornar seu mais novo bairro abastado. Atraiu famílias de banqueiros como os Rothschild; os Ménier, *chocolatiers* franceses (que acabaram vendendo seu negócio para a Nestlé); Henri Cernuschi, líder da revolução de Lombard em 1848 e colecionador de arte asiática; e ainda outra proeminente dinastia de banqueiros, os Camondo, que chegaram a possuir um dos maiores bancos do Império Otomano. A antiga mansão da família, na rue de Monceau 63, é agora um museu batizado com o nome do filho do conde Moise de Camondo, que nasceu em Istambul e tornou-se banqueiro parisiense e colecionador de arte.

Museus menores, menos frequentados, em particular aqueles que já foram casas, parecem feitos para visitantes solitários. Sua intimidade parece dizer, *Essa pintura, essa escultura, existe só para você.* O Musée Nissim de Camondo não é modesto – teve como modelo o Petit Trianon de Luís XV, um *château* de inspiração grega em meio aos jardins de Versalhes – embora pareça pessoal. Tem sido amplamente elogiado por sua extraordinária coleção de móveis e objetos de arte do século XVIII – uma escrivaninha de mogno com tampo corrediço, de Claude-Charles Saunier, é considerada um dos destaques, mas confesso que eu estava mais interessada no corpo da casa e no parque florido ao lado do que na escrivaninha.

Circulei pelas salas: o grande gabinete, a grande sala de visitas, o pequeno gabinete, a sala de porcelanas onde o conde jantava quando estava sozinho. O revestimento de madeira era escuro, o carpete espesso, as cortinas e cadeiras de veludo de outra época, outra estação. De uma janela alta, olhei para baixo e vi um grupo de pessoas desenhando em cadeiras dobráveis e bancos sobre a grama, e caminhos de seixos no jardim privado da família ao lado do Parc Monceau.

Monet fez meia dúzia de pinturas de paisagens do parque em 1876 e 1878. Numa delas, mulheres de vestido branco e chapéu estão sentadas à sombra na curva de um caminho arborizado, crianças a seus pés. Outra – um turbilhão de verde, rosa e amarelo – captura a fertilidade do parque na primavera, justo como ele estava nessa tarde em particular.

Há uma entrada para o parque dobrando a esquina da casa dos Camondo. Altos portões em preto e dourado levam a uma quadra curta onde, no fim, outro conjunto de portões, bem menos grandiosos, rodeia o parque, inaugurado por Napoleão III em 1861. Uma fotografia de Proust no Parc Monceau quando ele era adolescente mostra-o de pé ao lado da amiga Antoinette Faure na festa de aniversário dela. (Seu pai, Félix Faure, um dia se tornaria presidente da França.) Foi Antoinette quem pediu a Proust para concluir o que era conhecido como álbum de confissão, "Um álbum para registrar pensamentos, sentimentos etc.", que acabou evoluindo para as variadas versões do Proust Questionnaire, incluindo a coluna regular da *Vanity Fair* que começa perguntando, "Qual é a sua ideia de felicidade perfeita?".

O Monceau oferecia tanto um respiro quanto um estímulo para artistas e escritores. Zola o descreveu em *Naná* como um "luxuriante refúgio naquela época, brotando no vago distrito que já fora a Plaine Monceau". Henry James o chamou de "um dos recantos mais bonitos de Paris". Colette disse que "os gramados macios encobertos por cortinas de névoa do borrifo de aspersores" a atraíam "como algo bom de comer". Ela também gostava do Monceau por ter menos crianças do que os Jardins de Luxemburgo, declarando, "No todo, era melhor".

Os Proust moraram em 45 rue de Courcelles, a cinco minutos a pé da mansão dos Camondo. Flaubert morou entre eles, em 4 rue Murillo, Parc Monceau. Passei pelos caminhos por onde eles andaram, os caminhos por onde seus personagens andaram. Crianças em idade escolar, de sandálias e bonés de beisebol, circundavam uma pirâmide egípcia. Uma mulher descalça enchia um balde amarelo numa fonte. Um menino, que mal chegava à cintura do pai, passeava ao lado dele, à sombra. É isso que as pinturas de Monet capturam: a convivência da vida no parque, a reunião de famílias.

As pinturas de primavera de um impressionista menos conhecido, Gustave Caillebotte, retratam, porém, "uma visão mais solitária do parque", como explicou certa vez um catálogo de leilão da Sotheby's. Numa pintura, um cavalheiro de terno e chapéu anda sozinho por um caminho arborizado, em curva. Segui por um caminho assim.

De vez em quando, ao longo do perímetro oblongo do Monceau pontilhado de bancos verdes maltratados pelo tempo, os caminhos se dividem, levando a passar por esculturas – aqui um compositor, ali um dramaturgo – em terrenos densos de samambaias e arbustos desgrenhados. Há canteiros de flores silvestres delgadas, um carrossel, um lago e estruturas decorativas, como uma ponte de inspiração veneziana e uma pirâmide com um tamanho mais próximo de uma tenda de índio do que qualquer coisa que você encontrará em Giza. Há até uma arcada renascentista que já fez parte da antiga prefeitura de Paris. Mas o que atraiu meus olhos foram as placas em meio às folhas ao longo de uma cerca. Elas retratavam um homem sozinho dentro da cesta de um balão de ar quente, um gesto de reconhecimento ao primeiro salto de paraquedas, em 1797, realizado pelo balonista André-Jacques Garnerin centenas de metros acima do chão sobre o qual eu estava.

A esposa de Garnerin, Jeanne-Geneviève, foi a primeira mulher a saltar de paraquedas. E uma sobrinha dele, Elisa Garnerin, fez mais de três dúzias de saltos de paraquedas profissionais entre 1815 e 1836, de acordo com o *Telegraph*, em Londres. (Antes dela, a balonista Marie Madeleine-Sophie Blanchard fez mais de 65 subidas sozinha, até que em 1819 uma tentativa se provou fatal.)

Mulheres voavam sozinhas com frequência. Isso talvez porque uma companhia não é tecnicamente necessária, como escrevem S.L. Kotar e J.E. Gessler em *Ballooning: A History, 1782-1900*, ou porque as mulheres queriam se assegurar de que a fama que adquirissem não fosse atribuída a um homem voando com elas.

Mas talvez elas fizessem isso simplesmente porque gostavam de voar sozinhas. Afinal de contas, para as primeiras mulheres exploradoras, não era incomum sentir o gosto da solidão. Tome como exemplo Marianne North, a inglesa que nos anos 1800 circunavegou o planeta desacompanhada, passando treze anos viajando e contornando as convenções vitorianas. Suas pinturas de flores e paisagens estão penduradas no Royal Botanic Gardens, em Kew, fora da Londres central.

Em sua autobiografia, North conta suas viagens, que só tiveram início quando ela tinha quarenta anos. Em Nainital, nos Himalaias, no estado indiano de Uttarakhand, ela gostava de ficar ao sol. Na Filadélfia, caminhava por parques e pelos Zoological Gardens, aproveitando os dias ociosos. Nas montanhas Bunya, na Austrália, disse que gostava de sua "inteira solidão através da grande floresta sozinha". Hoje, um gênero de árvores e várias espécies de planta têm o seu nome.

A tarde de primavera parecia verão. Pessoas estavam pintando, desenhando, relaxando na grama, comendo seus lanches em bancos. Segui por um caminho sombreado cercado de flores cor-de-rosa, como o homem de chapéu de Caillebotte, a luz do sol tremeluzindo quando passei sob os galhos de uma árvore.

Lambendo vitrine

Encontrando sua musa

"*Errer est humain, flâner est parisien*": "*Perambular é humano, flanar é parisiense.*"

— Victor Hugo, *Os miseráveis*

O sul de Pigalle, bairro na base de Montmartre, já foi o "centro dos shows de carne-e-plumas", como o descreveu o *New York Times* nos anos 1960. Hoje, é o SoPi, o centro de brunches de hipsters, o *quartier* dos coques masculinos, das guitarras vintage e de lojas com nomes como Funky Junk e Finger in the Nose.

Passei uma manhã ali, no Buvette, na rue Henry Monnier, comendo *brouillés saumon*: ovos mexidos com salmão e pão, cobertos por um monte de *crème fraiche* e duas alcaparras gordas, levemente salgadas. Nos fundos tocava um jazz e a luz do sol fluía pela porta aberta, batendo nos azulejos de lata decorativos do teto, sem chegar a alcançar bem o balcão de mármore onde eu estava sentada num banco de prancheta antigo, estilo Toledo.

No bar havia cestas de arame com limas e limões; pequenas jarras com suco de laranja e toronja; canudos listrados e vidros de azeitonas pretas; garrafas de vinho empilhadas como gravetos numa tigela de prata rasa. Tudo muito francês – ou pelo menos parecia. O Buvette de Paris é um expatriado disfarçado, um desdobramento do Buvette do West Village, em Nova York.

Paguei a conta e atravessei a rua até uma loja com uma câmera Photax na vitrine e uma cesta de palha com discos usados na calçada. Algumas portas adiante ficava o Le Rocketship, um café e butique de design de casa. Olhar a vitrine foi como espiar um aquário de peixes tropicais. Havia canetas Caran d'Ache rosa e verde fluorescentes; canecas de cerâmica artesanal, cada uma delas decorada com um único ponto colorido; fita crepe Washi japonesa amarelo vivo. No dia anterior, no Le Bon Marché, eu admirara lápis brancos brilhantes numa lata, arrumados como hastes num vaso. O que há de tão irresistível em artigos de escritório? Eles parecem guardar a promessa de novos começos.

Sem nenhuma pressa e sem ter que prestar contas a ninguém, entrei no Rocketship e examinei agendas de couro Grand Voyageur, luminárias de cobre artesanais, caixas brilhantes de grampos para papel em formatos como aviões e motocicletas, uma travessa de metal vermelha em que se lia "Come with me 2 Zanzibar". Tudo parecia sussurrar, *Vamos fugir*. Era o tipo de loja onde você quer tudo e ainda assim suspeita de que possuir qualquer um daqueles objetos seria insatisfatório. A alegria não estava em ter, mas em olhar; em ver as miudezas reunidas ali, como um grupo bonito numa festa de jardim.

E então eu as deixei e segui meu caminho, passando pela Place Gustave Toudouze, uma pracinha arborizada cheia de mesas e guarda-sóis de uma casa de chá, uma pizzaria e um restaurante indiano. Na L'Oeuf havia fantoches de tubarão, pulseiras boêmias e frangos de borracha. Bolsas de mão, algumas no formato de cabeça de ursinho, eram exibidas, se é que se pode dizer isso, numa sala nos fundos em torno do perímetro do chão, da maneira como uma criança poderia montar uma butique de mentirinha em seu quarto. Parei diante das vitrines da Jamini, a marca de estilo de vida franco-indiana, onde almofadas estampadas, tapetes com zigue-zagues e penas de pavão apontavam em baús de metal pintados.

Nos Estados Unidos, chamamos esses passeios agradáveis ao longo de vitrines de lojas de *window-shopping*. Na França, o passatempo – *faire du lèche-vitrines* – traduz-se por um termo mais apaixonado: "lamber vitrine", que parece priorizar a admiração em detrimento do consumo.

Há séculos os lojistas da cidade se esforçam para capturar os olhares dos transeuntes. No século XIX, os parisienses tinham o costume de caminhar por bulevares e ruas diante de "panoramas sempre mudando; exposições contínuas de obras-primas; mundos de tristezas, universos de alegria", como escreveu Balzac. Eles passavam por placas de lojas elegantes e passeavam pelas arcadas de Paris – passagens cobertas, das quais já houve mais de cem. Algumas do século XIX ainda permanecem – como a Galerie Vivienne, a Passage Choiseul, a Passage Jouffroy e a Passage Verdeau – exibindo lanternas, guarda-sóis e árvores em vasos, como se suas sossegadas lojas de cartões-postais e antiguidades fossem ao ar livre, e não sob tetos de vidro abobadados.

Numa loja arrumada com arte, e com o estado de espírito certo, examinar sozinho não é uma atitude de compra, mas sim algo mais parecido com andar por uma galeria de arte. Em alguns lugares, a loja é também uma galeria, como a 0fr, uma livraria, editora e galeria onde o visitante pode se abastecer de arte gráfica, fotografia, música e revistas de moda. Isso é ir às compras como experiência, não necessariamente para uma aquisição. Sozinhos, podemos desenvolver nosso senso estético em nosso próprio ritmo, seja para móveis de quarto do fim da Idade Média no Musée des Arts Décoratifs, ou para o estilo "bazar chique" (alpargatas, almofadas boêmias listradas) da modelo francesa Inès de la Fressange em sua butique no 7º *arrondissement*.

Podemos nos deixar levar pelas vitrines de uma loja com pilhas de selos do Butão e do Vietnã, ou pelas da Librairie Maritime Outremer, onde artefatos como uma bússola e um relógio de sol estão espalhados entre livros de viagem. Explorar lojas de arte, moda, design e plantas – utensílios de mesa de cerâmica na Astier de Villatte, carretéis de fitas e galões na Petit Pan Paris – pode inspirar um esforço criativo, a decoração de sua sala de estar e até mesmo o modo como você quer passar o resto da vida. Os artigos do Le Rocketship me levaram a pensar não só em como eu queria que meu espaço de trabalho fosse, mas também em o que eu queria realizar lá, enquanto o vaso de lápis brancos perfeitos do Le Bon Marché simplesmente instruíam: "Comece!"

A escritora e atriz Lena Dunham, de *Girls* (que descrevia a si mesma em sua bio no Twitter como uma "eremita em relação à cidade"), disse que o tempo sozinha a ajudou a descobrir o que ela adorava fazer. "Passei um semestre inteiro da faculdade tricotando e assistindo a antigas fitas de VHS, e considero esse um dos tempos mais felizes de minha vida, porque tive a chance de me conectar com minhas paixões e com quem realmente sou", disse ela à revista *InStyle*.

Não surpreende que Dunham tenha achado esse período um dos mais gratificantes de sua vida. Experiências de pico de felicidade tendem a ser aquelas "fortemente ligadas a seu senso de quem você é ou quer ser", como escreveram os professores e psicólogos Elizabeth Dunn, da Universidade da Colúmbia Britânica, em Vancouver, e Michael Norton, da Harvard Business School. Portanto, vale a pena passar algum tempo descobrindo o que nos anima, o que nos estimula.

Qualquer que seja o seu interesse – tocar violino, cuidar de um jardim – este pode ser, como explicou Anthony Storr, uma parte significativa do que dá sentido à vida. "Mesmo aqueles que têm os mais felizes relacionamentos", disse ele, "precisam de outra coisa além do relacionamento para completar sua realização."

Perseguir suas paixões naturais é conhecido como "motivação intrínseca" ou "fazer algo porque é inerentemente interessante ou agradável", em oposição a motivações externas como avaliações de trabalho ou opiniões de outras pessoas, como descreveram Richard M. Ryan e Edward L. Deci, professores de psicologia da Universidade de Rochester, em Nova York. Em nossos estados mais saudáveis, somos "criaturas ativas, indagadoras, curiosas e brincalhonas, demonstrando uma disposição ubíqua para aprender e explorar", escreveram eles na *Contemporary Educational Psychology*, uma revista.

Para explorar, precisamos pôr um pé na frente do outro.

De fato, caminhar pode impulsionar significativamente o pensamento criativo. Embora possamos nos deparar com coisas estimulantes ao longo do caminho, pesquisadores da Universidade de Stanford verificaram que é o próprio ato de caminhar, mesmo que em recinto fechado numa esteira mecânica de frente para uma parede em branco, que ajuda novas ideias a fluir. Participantes do estudo de Stanford foram incentivados a falar em voz alta com um pesquisador enquanto caminhavam, portanto não está claro se os resultados seriam os mesmos para passeios solitários, embora, com base em relatos, haja incontáveis exemplos de pensadores, artistas e pessoas comuns tendo sua criatividade atiçada por perambular.

Em Paris, caminhei por toda parte. Bem, quase toda. Alguns lugares exigem uma chave, como a avenue Frochot, no 9º *arrondissement*, onde, atrás de um portão com uma placa azul que avisa, *Voie Privée* (Via Privada), estão antigas casas e oficinas de artistas e escritores, do criador de *Os três mosqueteiros*, Alexandre Dumas, a Jean-Paul Gaultier, o criador do sutiã em cone que Madonna usou durante sua turnê "Blond Ambition", nos anos 1990, bem como de Victor Hugo (que ficou ali com seu amigo, o escritor Paul Meurice), Toulouse-Lautrec, Renoir e Moreau. Caminhe pela Place Pigalle e você poderá ver que a rua sem saída termina num muro grafitado, corrugado, entre uma Monop' (uma Monoprix menor) e uma farmácia. Um transeunte não teria a menor ideia do que há do outro lado. Só o gato malhado adormecido no meio da rua sabe.

Felizmente, há mais vias acessíveis a caminhantes do que não acessíveis. Andei pelo Canal Saint-Martin, onde fui comprar tênis Bensimon (o primo francês do Keds e, em minha opinião, mais confortável) e folhear livros de mesa na Artazart. Lixo e garrafas vazias flutuavam como patos na água do canal cor de sopa de ervilha. Mas, sob a luz certa – quando um raio de sol bateu entre as árvores que margeavam a água, deixando sob luz negra os amantes num pontilhão – o canal tinha todo o romance de uma ponte de Monet sobre ninfeias.

"Pessoas que se abrem para a beleza e excelência em torno delas têm uma probabilidade maior de encontrar alegria, significado e conexões profundas em suas vidas", escreveu Sonja Lyubomirsky, da Universidade da Califórnia, Riverside.

Paris torna isso fácil. É atraente, charmosa, histórica e permite caminhar – qualidades que uma pesquisa do Project for Public Spaces, uma organização sem fins lucrativos, constatou que contribuem para produzir um espaço compartilhado ideal. Andei pelas ruas medievais do Marais, pelo Bois de Boulogne, pelas colinas pavimentadas de pedras de Montmartre. Passei por quadras de *pétanque* e apartamentos com toldos listrados, parando para dar uma olhada em cremes franceses numa Monoprix ou para ficar na fila de uma *boulangerie* – uma vez, flagrando um garçom correndo para dentro e ressurgindo com uma bandeja cheia de croissants, como numa comédia antiga.

"Ah! Passear por Paris! Que existência adorável e prazerosa!", escreveu Balzac. "Caminhar é vegetar; passear é viver."

Eu escolhi viver.

Mais ou menos uma hora e meia a oeste a pé, no 16º *arrondissement*, as calçadas sobem bem acima da cidade. Você não percebe necessariamente o quanto é alto até passar por uma escada que desce para o nada, ou até olhar da rotatória da Place du Costa Rica para baixo e ver o ninho de trilhos de trem da ponte Bir Hakeim.

Em dias de semana, esse bairro residencial abastado é mais quieto do que outras áreas centrais. Você pode se ver caminhando sozinho por vastas extensões entre mansões haussmannianas, perdido em pensamentos. Se eu não tivesse olhado à minha esquerda quando estava passando pela avenue de Camoens, uma sossegada rua sem saída, onde gotejam heras das varandas de mansões de pedra, teria passado direto por uma vista desobstruída da Torre Eiffel.

Foi uma visão fortuita. Não havia nenhum observador com smartphone a postos. Não havia ninguém. Atravessei o bulevar e caminhei na direção de um poste de luz sobre uma balaustrada de pedra no fim da rua, onde lances de escada, alguns verdes de alga, precipitavam-se para baixo. Olhei por sobre as árvores e os telhados cinza e prata, longe das multidões do Champ de Mars.

Quando por fim retornei à calçada, virei numa rua quieta e inclinada cujas mansões de pedra pareciam continuar para sempre, embora de vez em quando houvesse uma chance de escapar – um lugar onde a balaustrada desaparecia e em seu lugar havia uma escada descendo sabe-se lá para onde. Algumas escadarias são largas. Outras, como a rue des Eaux, são vias estreitas entre os prédios, sombreadas e com musgos nas extremidades. Eu estava na rue Raynouard, em Passy, em outros tempos arredores de Paris, onde Benjamin Franklin morou quando foi embaixador na França, e onde árvores e postes de luz acompanham o pedestre ao longo do caminho.

Em determinado ponto a calçada se tornou acidentada, como se não houvesse nem escada nem mansão – apenas uma arcada de pedra livre, com portas de dois batentes azul-escuros, como uma imagem de alguma pintura surrealista. Uma das portas estava fechada, enquanto a outra tinha uma aldrava grande. Para além dela havia um lance de degraus íngreme. Atravessei a porta aberta, sob uma trave de ferro batido, e desci um degrau.

Segurando o corrimão com tinta lascada, desci mais e mais até estar bem abaixo do nível da rua, de outro lado de um amplo muro. Ali, num pequeno pátio de pedra, estava uma casa diferente de todas as outras que eu encontrara. Era uma casa de campo pálida, baixa, com venezianas azul-escuras que combinavam com a porta dupla no alto da colina: número 47, rue Raynouard – a soleira da porta da casa de Balzac.

Durante sete anos, a partir de 1840, ele morou num apartamento nessa casa, onde não era incomum ele trabalhar até 16 horas por dia, escrevendo e reescrevendo, inclusive livros da série *A comédia humana*. A casa, agora um museu, é perfeita para um passeio sozinho. As escadas são estreitas e os pisos de madeira rangem. Os visitantes ali são quietos e vagarosos, e com frequência estão sozinhos. Em exposição estão livros da biblioteca pessoal de Balzac, provas de suas correções, sua mesa de trabalho e sua poltrona, estudos de Rodin para uma escultura da cabeça do escritor e uma bengala de Balzac de 1834 "borbulhando de turquesa", como ele a descreveu, sobre um botão de ouro com finas franjas – uma vara que ele disse que fazia mais sucesso do que todas as suas obras.

Nas paredes estão edições originais, manuscritos e litogravuras de seres meio-homem meio-animal do artista francês J. J. Grandville, durante algum tempo colaborador de Balzac: homem--elefante, pessoas-pássaros, um cachorro com cabeça de homem, uma cobra com vistosas roupas femininas. As caricaturas quase exigiam uma espécie de intimidade de engajamento para serem vistas uma de cada vez, uma pessoa de cada vez.

Do lado de fora, sob a espessa hera que se apossava das treliças sobre o muro alto que dá para a rua, fica um pequeno jardim com cadeiras e bancos de metal verde sortidos em meio a rosas, com vista para a Torre Eiffel. Relaxado e descuidado, falta-lhe o tamanho, a simetria e a poda perfeita dos jardins formais da cidade, o que – você não necessariamente percebe até estar de pé na grama – vem a ser um alívio. Pensei no alegre quintal da casa de meus amigos junto à baía.

Ao longo do estreito caminho de terra em meio a arbustos, um homem numa cadeira de jardim estava entretido num livro. Para além dele, na direção dos fundos da casa, passando por rosas com pétalas suaves começando a escurecer e enrolar nas pontas, havia um par de esfinges se desintegrando. Suas garras frontais estavam quebradas; os narizes também.

Em algum momento depois da morte de Balzac, Marquet de Vasselot, um membro da Société des Gens de Lettres, um grupo de escritores que estava encomendando uma estátua de Balzac, propôs que uma escultura o retratasse como uma esfinge alada. No fim das contas, o monumento público foi confiado a Rodin, que, de modo meio controverso, retratou Balzac com o robe (subsequentemente comparado a um roupão de banho) que ele usava quando estava escrevendo e bebendo quantidades copiosas de café.

As esfinges no jardim tinham corpo de leão e cabeça humana, e estavam agachadas de cada lado do caminho junto à casa. Você pode fazer um jogo de encontrar esfinges em Paris: do lado de fora do Hôtel de Sully, no pátio da Gallerie des Antiques do Musée du Louvre, perto de uma fonte na Place du Châtelet, no cais Aimé--Césaire ao longo do Jardin des Tuileries.

Para além da Torre Eiffel, parecia chover. Sentei-me num banco vazio. Não havia nenhuma espera por um clima melhor. Não há espera por circunstâncias ideais para se aproveitar o jardim, contar esfinges, estar aberto à admiração.

"O tempo de saborear", disse Bryant, "é agora."

PARTE II

※

Verão

Istambul

OUSADIA

Üsküdar

A arte da antecipação

> *Quanto mais me rendi a mim mesma, ao eu que não estaria limitado e estreitamente definido, mais glorioso foi o momento que tive comigo mesma e com minha vida.*
> *Permaneci aberta, pronta, ansiosa até, para a aventura.*
> — Eartha Kitt, *Rejuvenate! (It's Never Too Late)*

Nossa barquinha parecia um bote salva-vidas comparada aos navios-tanques colossais que ela estava contornando no Bósforo, o célebre estreito que divide as colinas da Europa e da Ásia. Nenhum passageiro parecia preocupado. Pessoas penduravam as pernas para fora na parte de trás do barco e se recostavam em barras dos dois lados, voltando o rosto para a brisa quente, os veleiros brancos e a água azul cintilando ao sol. Agosto em Istambul.

Homens circulavam pelos bancos de madeira dos viajantes, carregando bandejas com chá e petiscos impecavelmente arrumados, tentando angariar clientes enquanto nos afastávamos da orla europeia e dos muros altos do Ciragan Palace Kempinski, o suntuoso hotel onde recentemente eu me registrara como hóspede. Ali, para além das palmeiras e das olaias cor-de-rosa em flor, em quartos com camas de dossel franjado, era fácil penetrar numa fantasia da era otomana.

O Ciragan, a leste do Palácio Dolmabahçe na orla marítima, começou como uma mansão do século XVI e tira seu nome da palavra farsi para "luz". Foi lar de sultões e seus haréns; foi construído, demolido e reconstruído ao longo de séculos com mármore raro e madrepérola; destruído por fogo e roubos; e renasceu nos anos 1980, quando teve início a construção do hotel de luxo.

Centenas de anos atrás, era conhecido pelos banquetes realizados na área, e durante minha primeira estada na cidade ainda estava acolhendo festas opulentas. Uma noite, deparei-me com um casamento no amplo terraço à beira-mar; outra noite, com uma elaborada comemoração de uma empresa com dançarinas do ventre. Mas as festividades não aconteciam apenas junto às águas. Aconteciam *sobre* as águas também, em iates cintilando com luzes coloridas, sem dúvida indo e voltando das boates da cidade. Eu os observava de uma mesa sossegada no restaurante de verão do hotel que, junto ao Bósforo, oferecia um enorme bufê – do tipo sobre o qual um viajante começa a fantasiar muito antes da hora de jantar – com *réchauds* e pratos de cordeiro, salmão, *manti* com molho de tomate doce, legumes assados, feijões, iogurte e azeite picante. O café turco foi servido com baclavás reluzentes sobre uma bandeja de prata enquanto o sol poente banhava a costa asiática da cidade e as janelas das casas na encosta de uma luz suave, cor-de-rosa. Lanternas penduradas e postes de luz com globos começavam a brilhar, e os funcionários acendiam velas ao longo dos caminhos no jardim. Narguilés ornados (*hookahs*) eram trazidos para as mesas sob árvores do lado de fora do Le Fumoir Bar, perfumando o ar da noite com o aroma de tabaco doce.

Üsküdar

De manhã, pessoas nadavam na piscina de borda infinita ao lado do Bósforo e comiam pãezinhos tostados servidos em cestas de prata em mesas redondas no pátio. Mas, nessa manhã em particular, eu estava numa barquinha me afastando rapidamente de tudo isso e, em questão de minutos, havia feito a viagem da Europa para a Ásia.

Estávamos na orla de Üsküdar, uma área de Istambul que já foi conhecida como a Cidade de Ouro, onde silhuetas de mesquitas da era otomana se voltam contra o céu e antenas parabólicas parecem estar montadas fora da janela de cada apartamento. Os passageiros desembarcaram cambaleando do barco que balançava junto a um píer protegido por pneus rachados, enquanto pessoas a caminho do trabalho embarcavam em barcas próximas guarnecidas de boias salva-vidas laranja. Meninos sentados à beira-mar observavam navios e gaivotas indo e voltando.

Dias antes de eu chegar a Istambul, o presidente do distrito do Brooklyn, em Nova York, assinou o que é conhecido como um acordo de cidade irmã. "O Brooklyn é o Üsküdar dos Estados Unidos", declarou ele, provavelmente para grande surpresa dos moradores do Brooklyn e de Üsküdar.

O *Daily Sabah*, da Turquia, observou que ambas as cidades têm populações diversas com mesquitas, sinagogas e igrejas, e que, assim como o Brooklyn, Üsküdar é "um lugar para cidadãos modernos e urbanos com personalidade artística". Hilmi Türkmen, o prefeito da municipalidade de Üsküdar, comparou a Ponte do Bósforo (depois disso rebatizada de Ponte dos Mártires de 15 de Julho) à Ponte do Brooklyn. "Duas irmãs", disse ele, de acordo com o *Sabah*, "encontraram-se através de pontes da alma."

Embora americanos possam ficar surpresos ao saber do status de cidade irmã, alguns podem conhecer Üsküdar por meio da canção popular turca "Uska Dara", que se tornou um sucesso de Eartha Kitt nos anos 1950, uma das várias canções turcas que ela aprendeu quando se apresentou em Istambul no início de sua carreira. "Üsküdar é uma cidadezinha da Turquia", diz Kitt ao ouvinte em inglês, mas teve um grande papel na história. A Caravana Sagrada usou seu porto para partir rumo a Meca e Medina, "com seu longo trem de peregrinos e seu camelo branco sagrado carregando presentes do sultão para o xeque de Meca", como descreveram Hilary Sumner-Boyd e John Freely em *Strolling Through Istanbul*.

Foram essas coisas que descobri nas semanas anteriores a minha partida para a cidade. Antes de todas as minhas viagens, eu mergulhava na cultura lendo romances e poesia, assistindo a filmes e programas de televisão e dando uma olhada em blogs de moda, viagem e design. Fazer isso, apreciar o quanto uma experiência que está por vir pode ser agradável, é não apenas edificante – pode impulsionar nosso espírito bem antes de partirmos para o aeroporto.

"A antecipação é uma forma livre de felicidade", constatou Elizabeth Dunn em sua pesquisa sobre bem-estar, "a única que é menos vulnerável às coisas darem errado." Quando posso, reservo voos meses antes (para Istambul foram seis) e então começo a devanear sobre todas as coisas que posso querer ver, provar e experimentar. Horas são gastas lendo sobre culinária, arte e história locais. Procurei guias e narrativas de viagem clássicos como *Constantinople*, de Edmondo De Amicis; romances de Tanpinar; poesia; e livros de design como *Zeynep Fadillioğlu: Bosphorus and Beyond*, que mostra a obra de Fadillioğlu, desde brilhosas casas noturnas, como a Ulus 29, até a mesquita Şakirin, em Üsküdar.

Dunn não apenas estudou a antecipação, como pode atestar pessoalmente a eficácia desta. Certa vez, ela passou meses planejando e devaneando a respeito de uma viagem ao Havaí, apenas para chegar a Oahu e ser atacada por um tubarão-tigre de três metros. Ela foi mordida até o osso – felizmente sem sofrer nenhuma deficiência física – mas, quando contou a história, prontamente observou que nem mesmo o ataque do tubarão pôde afastar a alegria e empolgação que ela sentiu durante todos aqueles meses antes da viagem. Foi, como ela explicou, a felicidade já no banco.

O truque para fazer isso direito é não ficar preso a um itinerário, como eu fiz em Paris na noite em que saí do Les Éditeurs. Ser rígido demais põe você em risco de comparar de maneira desfavorável suas expectativas com a coisa real. E não permite espaço para a serendipidade. Um estudo na *Journal of Experimental Social Psychology*, nos anos 1990, verificou que as pessoas tendiam a ver experiências positivas – férias na Europa, uma viagem de bicicleta pela Califórnia, uma escapada no Dia de Ação de Graças – como um pouco mais positivas tanto antes quanto depois de estas ocorrerem em tempo real, um fenômeno a que Terence R. Mitchell e seus colegas se referiram como "prospecção rosada" e "retrospecção rosada".

Para ter a melhor viagem possível quando estivermos realmente nela, precisamos permanecer soltos. "Uma das artes de saborear experiências e férias é se desprender de toda a expectativa", explicou Bryant. Se você não faz isso, nunca realmente se permite estar no momento, e está "sempre o comparando com o que pensou que seria". A alegria do momento pode também envolver surpresas, e essas surpresas podem muito bem vir a ser algumas de suas partes favoritas de uma viagem.

É claro que há momentos em que a questão não é simplesmente que a realidade não corresponde às expectativas. Às vezes, as coisas realmente dão errado (leia-se: tubarão-tigre). Mas situações assim apresentam uma oportunidade: aprender a lidar, tirar o máximo proveito do que temos, é essencial para saborear.

"Os melhores saboreadores podem se adaptar e seguir em frente", disse Bryant, recordando o momento em que um forte temporal desabou quando ele estava viajando de mochila com um amigo. A chuva estava inundando tanto o acampamento que eles ficaram preocupados se seriam capazes de sair do bosque. Encharcados e congelando, eles jogaram tudo na traseira do jipe e seguiram para o hotel mais próximo. Quando entraram no saguão, estavam ensopados e enlameados. Os hóspedes olharam em silêncio. E o amigo de Bryant rompeu esse silêncio:

"Gostaríamos de um quarto seco, por favor." Todos começaram a rir. E isso mudou tudo. "Você ainda pode encontrar alegria aí", disse Bryant.

Em viagens passadas, adoeci e perdi objetos pessoais que eram significativos para mim, mas nada disso foi uma questão de vida ou morte. Qualquer problema foi dos tipos comuns: atrasos, intoxicação alimentar, clima ruim. Quando me perdi em Paris num dia cinzento e acabei no Musée de Cluny, decidi tirar o máximo proveito disso explorando os jardins – e ao longo do caminho descobri o romance de mistério, o que fez de errar o caminho um ponto alto da viagem.

Em Üsküdar, eu sabia que poderia não conseguir ver tudo o que viera ali para ver. Eu estava ali para visitar a mesquita Şakirin,

Üsküdar

que, entre todas as mesquitas de Istambul, foi a que mais capturou minha imaginação com seu estilo singular que reúne a estética elegante de um museu de arte moderna e o espírito e a opulência do Império Otomano – um domo quase futurista, de alumínio; telas de metal com padrão de arabescos; caligrafia dourada – bem como sua distinção de primeiro interior de mesquita projetado por uma mulher, Zeynep Fadillioğlu.

"Nenhuma mulher jamais projetou um interior de mesquita, nem no Império Otomano nem na República Turca, nem em nenhum lugar do mundo, até onde Zeynep sabe", disse o jornalista Andrew Finkel no livro que li sobre a obra de Fadillioğlu. O arquiteto do projeto foi um homem, Hüsrev Tayla, embora ele tenha colaborado com Fadillioğlu, eliminando paredes laterais e mudando a aparência das "escadas de recepção" da mesquita a pedido dela.

Şakirin é uma mesquita de bairro, e não a Mesquita Azul, onde há um fluxo constante de turistas e placas apontam o caminho. Mas, depois de meses antecipando minha visita, era finalmente hora de ir, e aceitei o fato de que, quando chegasse, poderia não conseguir ver tudo o que queria.

Do porto de Üsküdar, leva-se mais ou menos meia hora de caminhada até Şakirin, atravessando pavimentos de pedras dispostas em padrões elaborados – leques, semicírculos, listras chevron – sob árvores altas, passando por gatos dormindo em peitoris de janelas. Uma mulher se debruçou para fora da janela de seu apartamento e puxou uma corda presa a um balde com um pão dentro. Roupas úmidas pendiam de paus de toldos, lembrando tardes em família muito tempo atrás no Brooklyn. Passei por uma pequena mesquita de madeira, como as delicadas *yalis* em tom pastel ao longo do Bósforo. As ladeiras residenciais eram íntimas e convidativas; refúgios ladeados por árvores, distantes do caos organizado no cais e em zonas turísticas.

Do lado de fora de uma empresa de mármore, lápides – algumas com a lua crescente e a estrela da bandeira turca; outras com uma Estrela de Davi – estavam encostadas num prédio. Do outro lado da rua, sob altivos ciprestes, lápides de estilo otomano com cabeças de turbante se erguiam na extremidade de uma colina, sobre um muro alto, no antigo Cemitério Karacaahmet. Parei na calçada ao lado de um canteiro de crisântemos amarelo-claros e laranja, abaixo do muro do cemitério, e apanhei na bolsa um lenço para cobrir a cabeça. Em meio às árvores eu podia ver um minarete branco, quase azul-giz à luz, com uma lua crescente no topo. Na lateral de um prédio próximo, letras douradas formavam o nome da mesquita que, até então, eu só havia visto nas páginas de um livro: SAKIRIN CAMII. Eu me virei e subi os degraus em direção ao pátio onde, no centro, havia uma fonte com uma reluzente esfera de aço inoxidável simbolizando o universo, refletindo a mim e a tudo mais em torno dela.

Do lado de fora da entrada havia alguns pares de sandálias e tênis. Tirei meus sapatos e entrei no corredor escuro. Umas mulheres haviam entrado antes de mim, embora agora não houvesse nenhum vestígio delas. Esperei que outros chegassem em vez de sair explorando e inadvertidamente parar em algum lugar onde não deveria estar, mas ninguém apareceu. E então tive um palpite fundamentado e comecei a subir devagar a escada em direção ao domo cor-de-rosa.

Perto do topo, sussurros gotejavam. Quando os alcancei, eu me vi na varanda de oração das mulheres, menor do que a área do andar de baixo onde os homens estavam rezando, mas aberta e arejada, com uma vista primorosa do domo cor-de-rosa acima e, abaixo, o *miharb* turquesa voltado para Meca. A varanda também era mais próxima do grande candelabro de três anéis com suas gotas de vidro cintilantes (não muito diferente daqueles do Ulus 29, o restaurante e boate que Fadillioğlu ajudou a projetar) e da caligrafia sinuosa do cinturão do domo, iridescente à luz do sol.

Uma mulher rezava; outras observavam os homens rezando. Crianças passaram ligeiras. Algumas mulheres falavam suavemente e riam sem fazer um ruído. Uma tirava fotos com seu smartphone. Fiquei na parte de trás da galeria observando, percorrendo os caminhos de finas linhas douradas que saíam em cata-vento do centro do grande domo rosa. Ele parecia uma flor aberta.

Após algum tempo, desci de volta a escada onde, na base, uma menina de cabelo curto, jeans e camiseta rosa estava descalça e inerte, espiando junto a uma tela o lugar onde os homens estavam rezando. Eu tinha mais ou menos a mesma idade quando espreitava os jantares festivos de meus pais de uma varanda de nossa casa. Quando cheguei aos últimos degraus, ela se virou e me viu. Parei; sorri. Nasci no Brooklyn, sua cidade irmã.

Quando nos preparamos para uma viagem, podemos ler sobre a arquitetura e os restaurantes. Mas o que acaba soprando vida nos devaneios da antecipação são as pessoas que encontramos quando estamos realmente ali, incluindo aquelas com as quais simplesmente cruzamos na rua ou, nesse caso, no vão da escada. Pensei também no homem no píer que me ofereceu a mão para eu me equilibrar quando saía da barca, e na mulher idosa no banheiro público que fez um gesto para eu me aproximar e compartilhar com ela a única pia pequena. A possibilidade dessas interações sem palavras, para as quais podemos estar particularmente sintonizados quando sozinhos, não passou pela minha cabeça quando eu estava antecipando meus dias em Istambul. Eu visualizara navios e minaretes, o Grande Bazar e a Hagia Sophia, mas não esses rostos, não esses momentos que silenciosamente transmitem o calor de uma cidade.

Ao imaginar a mesquita, não pensei nas coisas pelas quais eu poderia passar ao caminhar do porto até lá: a mulher na janela erguendo um balde numa corda, os homens com carrinhos de ambulante de frutas e legumes, gatos cochilando entre vasos de flores. Essas são as cenas de rua que sussurram, os particulares que tornam um lugar real, que tornam uma viagem nossa. As fotos da mesquita Şakirin no livro de mesa haviam me parecido mais vívidas do que quando fiquei diante dela. E o fotógrafo dera um zum nos traços do design, criando imagens impressionantes, abstratas. Mas não havia nenhuma menininha ao pé da escada. Não havia mulheres sussurrando e rindo. O que é um lugar de devoção sem pessoas? O que é a avenida Istiklal, o badalado bulevar de pedestres em Istambul, sem multidões passeando à noite, parando para comprar sorvete de casquinha e comer batata frita nos restaurantes aconchegantes de suas ruas laterais?

Antecipar é cortejar a alegria, apaixonar-se por um lugar da maneira como ele está num livro ou num filme ou numa canção de Eartha Kitt. Mas permanecer aberto ao inesperado é aceitar a antecipação – saber que ela serve a seu propósito antes de a viagem começar e depois deve ser deixada de lado pela realidade, por qualquer que seja a coisa bonita, estranha, imprevisível, que nos aguarda quando saltamos da barca.

Üsküdar

Do lado de fora da mesquita, amarrei o cadarço de meu tênis e avancei pelo pátio onde telas estampadas lançavam sombras de arabescos sobre o chão, passei pelos crisântemos, pelo cemitério e pelos ciprestes, voltando para o porto, para uma barca cheia de gente, em nosso caminho para outra praia.

O hamam

A importância de experimentar coisas novas

Para permitir autorrenovação e crescimento criativos, é realmente aconselhável sair dos limites daquilo que você faz e se expor a mundos estranhos tanto quanto possível.
— Hussein Chalayan, designer de moda

Então havia a questão do hamam.
"Ah, você tem que ir", disse meu amigo John, um viajante experiente, em Nova York. *"Tem* que ir."
Tenho? Eu estava desejando ver a arquitetura, mas não fazer um tratamento. Não sou uma grande frequentadora de banhos ou spas, sejam eles fontes termais ou um hamam. Além disso, eu havia lido Mark Twain, que há muito fantasiara sobre o romance do banho turco: a tranquilidade, as especiarias aromáticas, a "música das fontes que simulava o tagarelar da chuva de verão", conforme ele escreveu em sua narrativa de viagem satírica do século XIX *The Innocents Abroad*. Quando finalmente pôde experimentar o hamam pessoalmente, ele se viu nu, com sabonete nos olhos, sendo esfregado da cabeça aos pés por um homem inclemente com uma luva áspera.

"Ele impelia a luva com força, e por baixo dela rolavam pequenos cilindros, como macarrão", escreveu Twain. "Não podia ser terra, porque era branco demais. Ele me podou dessa maneira por muito tempo. Por fim, eu disse: 'Esse é um processo tedioso. Você levará horas para me aparar do tamanho que quer; eu espero; vá pegar uma plaina emprestada.'"

Dessa forma foi realizado o sonho de felicidade oriental de Twain. Assim como foi o do romancista italiano Edmondo De Amicis, que há mais ou menos dez anos foi avisado de que antes de entrar num hamam era preciso perguntar a si próprio, *Quid valeant humeri* – resumindo, "o quanto meus ombros conseguem aguentar" – porque nem todo mundo consegue suportar a experiência. Durante a esfrega, De Amicis se viu imaginando "se eu não deveria começar a atacar com um soco ou um tapa e me defender o melhor que pudesse".

Twain e De Amicis estavam, obviamente, escrevendo para entreter seus respectivos públicos. Mas seus relatos, por mais exagerados que fossem, desencadearam perguntas práticas para alguém que reluta em ir a um spa: *O quanto a esfrega moderna é vigorosa? O quanto a água é fria? Quantas pessoas me veriam – e em que grau de nudez?*

Dias antes de meu voo para Istambul, porém, essas e outras trivialidades foram ofuscadas pelos e-mails do Departamento de Estado que aterrissaram em minha caixa de entrada. "Esteja alerta para a possibilidade de atividade de terror maior em áreas urbanas e turísticas", dizia um e-mail. Isso foi logo depois de o Partido Frente Revolucionária de Libertação do Povo, ou DHKP/C, um grupo marxista-leninista, abrir fogo contra o prédio do consulado em Istambul. "Terroristas podem realizar ataques complexos", dizia o e-mail, "seguidos de ataques secundários."

O hamam

Um ano antes, Istambul fora classificada pelo gigante da indústria de turismo TripAdvisor como o destino de viagem mais popular do mundo. Alguns anos antes disso, o *Guardian* a chamou de "a nova capital da festa na Europa". Suas casas noturnas são célebres. John F. Kennedy, Jr. e Carolyn Bessette Kennedy passaram a lua de mel ali. Foi onde Hemingway ganhou experiência escrevendo despachos durante a Guerra Greco-Turca, e onde James Baldwin terminou de escrever *Terra estranha*. Foi pano de fundo de romances e narrativas de viagem de Agatha Christie e Ian Fleming, e destino de férias de Greta Garbo, Josephine Baker, Bono e Oprah. Istambul foi a capital dos impérios Bizantino e Otomano. É a terra do Bósforo, da Mesquita Azul e do Grande Bazar – e depois de eu passar anos desejando ir, finalmente isso estava acontecendo.

Então vieram os e-mails do Departamento de Estado. Eu os levei a sério. Ao mesmo tempo, qualquer um que mora numa grande cidade – seja Nova York, Paris ou Istambul – sabe que, embora ataques possam acontecer e tenham acontecido, em sua maior parte a vida diária é pacífica. Quando eu estava me preparando para ir a Istambul, a série de atentados a bomba e tiroteios que reviraria a cidade mais tarde naquele ano e ao longo de 2016 ainda não havia começado. Milhares de cidadãos ainda não haviam sido expurgados como consequência de uma tentativa de golpe. No verão de 2015, Istambul era convidativa. Meu marido, que na época eu estava namorando, tinha planos de encontrar colegas lá, e eu passara meses contemplando meus itinerários solitários. E então, quando os e-mails do Departamento de Estado chegaram, eu os li com atenção (eles não eram específicos; simplesmente advertiam os americanos a ser vigilantes) e em seguida embarquei num avião para a Turquia, onde os dias e noites de verão eram preguiçosos e pitorescos. Provei pastas e carnes saborosas, e beberiquei cerveja gelada enquanto mirava pontes acesas sobre o Bósforo. Caminhei pela avenida Istiklal atrás de um bonde vermelho lento que tinha um jovem de tênis Nike pendurado na traseira. Entrei em lojas e shopping centers sofisticados, como o Akmerkez, onde um terraço panorâmico oferecia balanços, espreguiçadeiras, pingue-pongue e pequenas cabines em formato de casa para uma conversa tranquila. Subi o parque Ulus para ver o Bósforo do alto, e passeei ao longo das *yalis* da orla marítima com um sorvete derretendo rápido. E certa manhã, depois de um café turco e um croque madame, tomei um bonde para a cidade velha e me aproximei dos degraus do hamam Cemberlitas. Sobre a entrada estavam as palavras "Construído por Mimar Sinan em 1584".

Mantive-me afastada do fluxo de clientes. Será que devemos fazer coisas que nos deixam incertos e desconfortáveis? A ciência sugere que atividades que nos levam a sentir incerteza e desconforto "estão associadas a algumas das experiências mais memoráveis e agradáveis na vida das pessoas", como escreveram os psicólogos Robert Biswas-Diener e Todd B. Kashdan em *Psychology Today*. Memoráveis, certamente, mas verdadeiramente agradáveis? Os pesquisadores constataram que pessoas alegres e realizadas parecem saber intuitivamente "que a felicidade sustentada não está apenas em fazer coisas de que você gosta. Ela também exige crescimento e aventurar-se além dos limites de sua zona de conforto". Pessoas felizes, disseram eles, são pessoas curiosas. Sem curiosidade, explica Kashdan no *Oxford Handbook of Positive Psychology*, não exploraríamos nós mesmos e o mundo, não nos empenharíamos numa procura por algum significado na vida e não teríamos nenhuma base para apreciação estética, buscas científicas ou inovação.

Mesmo quando o resultado não é o que esperávamos que fosse, fazer um esforço para experimentar algo novo ainda pode ser bom para nós. Pode nos ajudar a pensar em nós mesmos como um tipo de pessoa capaz de tomar iniciativa, como escreveu Lyubomirsky. Além disso, disse ela, pode aguçar nosso apetite para futuros riscos. Esses riscos não precisam ser grandes. Simplesmente sair de nossa zona de conforto – experimentar uma rota diferente para o trabalho, apresentarmo-nos a um novo vizinho, manifestarmo-nos por algo em que acreditamos – é importante, constatou ela, porque pode nos ajudar a identificar oportunidades, descobrir uma força e moldar a trajetória de nossa vida em vez de nos arrependermos de nossa inação.

Aproximei-me de uma placa que descrevia as três ofertas do hamam para o século XXI:

> **ESTILO TRADICIONAL.** Inclui esfrega & banho de espuma por seu atendente e, depois, você pode se banhar sozinho novamente e descansar na plataforma de mármore por quanto tempo quiser.
> **ESTILO LUXUOSO.** Inclui 15 minutos de esfrega do corpo & banho de espuma + 30 minutos de massagem com óleo sobre a mesa e, depois, você se banhar sozinho novamente e descansar na plataforma de mármore por quanto tempo quiser.
> **SELF SERVICE.** Você pode se banhar e descansar na plataforma de mármore por quanto tempo quiser.

Um livreto preparado pelo hamam explicava que uma boa esfrega reduz o estresse, mantém a pele jovem e macia, alivia dores musculares e aumenta a circulação, bem como "o hormônio da felicidade". Eu estava querendo renunciar ao hormônio da felicidade em favor de uma opção que não incluísse as palavras "esfrega do corpo". Só havia uma: Self Service, uma escolha contra a qual guias de viagem advertem turistas por não ser oferecida nenhuma instrução sobre o que fazer por conta própria. A falta de orientação pode parecer perigosa quando, digamos, você faz bungee jumping, mas o quanto um banho podia ser complicado?

Além disso, embora seja um hamam clássico, o Cemberlitas é extremamente amistoso com o turista. Um exemplar da *Time Out Istanbul* em meu quarto de hotel chamava a casa e sua classe de "versão descafeinada" de banho turco. A lista de serviços estava escrita em inglês e espanhol. E havia uma placa com perguntas frequentes essenciais, como "Tem cabeleireiro?". (Sim.)

Paguei 60 liras turcas (aproximadamente 17 dólares na época) e quase imediatamente me arrependi, porque em troca me deram um cartão vermelho grande no qual estava escrito SELF SERVICE. Recebi também uma chave; uma toalha pequena, fina e listrada conhecida como *pestemal*; e um saco cintilante com cordão de fechar tendo dentro um par de roupas de baixo pretas. Uma mulher apontou para subir a escada. Segui seu dedo com alívio e uma pitada de orgulho por ela me oferecer direções apesar de minha grande placa vermelha de Self Service.

Segundos depois passei por meu vestuário sem vê-lo, subindo equivocadamente degraus demais. Uma outra mulher me orientou a descer de volta e, no caminho, passei por uma visitante de *pestemal* – um encontro feliz porque agora eu sabia o que fazer com a minha. (Na verdade, a placa de perguntas frequentes diz aos visitantes exatamente o que fazer, mas eu estava tão distraída que, ao olhar para ela, não li.)

O hamam

Havia beleza natural e simplicidade na escada de madeira pálida e nos quartos para troca de roupa. Dentro de um deles, enrolei o máximo de mim que cabia na *pestemal* (não muito) e saí para pôr minhas roupas num armário e seguir mais dedos apontados, passando por mulheres de toalha bebericando chá e esperando manicures e pedicures, até que cheguei a uma salinha.

Onde estava a grande plataforma aquecida? Onde estava o domo? Virei-me para perguntar, mas não havia ninguém ali. Talvez aqueles que escolhessem Self Service fossem enviados para uma área do hamam sem luxos. Havia um chuveiro e um quartinho com uma mesa de massagem. O que eu deveria estar fazendo? POR QUE escolhi o Self Service?

Notei uma grande porta de madeira e considerei a possibilidade de que do outro lado desta houvesse uma mulher no meio de uma massagem privada. Ou mesmo um homem. Fiquei olhando para a porta, tentando desejar que alguém saísse. Mas há um limite de tempo em que você consegue ficar em pé enrolado numa toalha. Finalmente, atravessei.

⁂

Vapor.

Ecos de água caindo.

Eu encontrara a sala quente. Colunas altivas sustentavam um amplo domo. No centro estava a grande plataforma de mármore, a *gobek tasi*, sobre a qual um grupo de mulheres estava repousando. Mas não era essa plataforma, ou mesmo as altas colunas brancas, como velhas árvores petrificadas, que davam ao espaço sua magia. Eram os "olhos de elefante" de vidro – como são chamadas as aberturas do domo – espalhados. Eles permitiam que enevoados raios de luz do dia se precipitassem ali dentro, até o pedestal de mármore, sobre braços e pernas nus, como se a luz do sol caísse através da copa de uma densa floresta.

Algumas mulheres estavam sendo esfregadas. Aquilo não parecia ser particularmente vigoroso. Uma mulher próxima à porta estava de costas, os pés pendurados para fora da plataforma, uma bucha vegetal à mão, descansando sobre o peito.

Para mim não estava claro se o protocolo era lavar-se em um dos compartimentos de banho antes ou depois de repousar sobre a laje. Talvez ambos. Em meu zelo para pesquisar a história do banho, eu negligenciara a leitura sobre o presente. (Decidi fazer ambos, embora mais tarde tenha aprendido que os clientes são incentivados a suar e depois se lavar.) Após um rápido enxague, estendi minha *pestemal* entre duas mulheres e me estiquei.

O calor irradiava do mármore, infiltrava-se pela toalha e entrava em minhas costas e braços. Pressionei meus ombros – que em Nova York geralmente estão assentados perto das orelhas – contra a pedra e olhei para cima, como se estivesse sob um céu noturno nebuloso. O domo era rodeado de estrelas de seis pontas. Vapor e poeira flutuavam nos delgados raios de luz que caíam em nossa direção.

Fechei os olhos e escutei os sussurros próximos e os ecos aquosos, sentindo uma espécie de afinidade silenciosa com as outras mulheres sobre o mármore. Minha mente vagou de volta a uma tarde de verão perto do rio Delaware, onde, aos vinte e poucos anos, deparei-me com um exemplar de *Outrageous Acts and Everyday Rebellions*, de Gloria Steinem, numa loja de livros usados. Um capítulo chamado "Em louvor aos corpos das mulheres" começava com uma pergunta: "Há quanto tempo você não passa alguns dias na companhia íntima de mulheres: vestindo-se e despindo-se, falando, tomando banho, descansando – o tipo de proximidade casual que parece mais comum aos vestiários de homens?"

No meu caso, de fato, fazia anos. Steinem estava defendendo uma proximidade diversa, sem autoconsciência, para as mulheres encontrarem tempo para estar com seus próprios corpos e com os de outras mulheres quando eles não estão em exibição para homens.

Abri os olhos e olhei em volta. Mulheres deitadas de bruços estavam sendo esfregadas por atendentes com baldes de água ensaboada. Algumas estavam afastadas e sozinhas, banhando-se sob a arcada. Outras relaxavam sobre o mármore quente. Nenhuma parecia prestar atenção ao que as outras estavam fazendo, que dirá em suas aparências.

Eu me sentei, girei as pernas sobre a borda da plataforma para me levantar e me encaminhei de volta à estação de banho. Virei o cabo da torneira, liberei um pouco de água quente, depois um pouco da fria, misturei-as numa bela vasilha de cobre e entornei sobre o ombro. O som da água enchendo a vasilha de metal, o peso da vasilha nas mãos, o ato de erguê-la sobre a cabeça e derramar a água sobre o ombro em vez de permanecer sob o fluxo constante de um chuveiro – era um ritual ao mesmo tempo antigo e novo. Enchi a vasilha de novo.

Cientistas sociais constataram que experiências novas tendem a nos deixar mais intensamente felizes do que coisas novas. Um motivo é que, diferentemente de objetos materiais, as experiências ajudam a prevenir um fenômeno psicológico conhecido como adaptação hedônica – a capacidade de nos adaptarmos rapidamente ao que quer que aconteça conosco e retornarmos ao nosso nível típico de felicidade. Embora essa capacidade seja uma poderosa ferramenta de sobrevivência, na vida diária a adaptação pode levar ao tédio. O prazer de ter uma pulseira nova pode se dissipar com a familiaridade, mas uma apresentação de dervixes rodopiantes, por exemplo, provavelmente não é algo a que nos adaptamos, mesmo que a vejamos todos os dias, porque a dança nunca é exatamente a mesma.

Também temos uma probabilidade menor de comparar nossas experiências (em oposição a nossas posses materiais) com as de outras pessoas, o que, por sua vez, evita uma mentalidade de querer mostrar que também podemos ter o que elas têm. Se você e um amigo foram ao Caribe em férias separadas, e se o relato de seu amigo sobre a viagem pareceu melhor do que o seu, isso não o incomodaria tanto quanto se você fosse à casa dele e visse que ele tem uma televisão maior e mais sofisticada do que aquela que você acabou de comprar, "porque você tem suas lembranças", disse Thomas Gilovich, da Cornell University, ao *Cornell Chronicle*. "É a sua conexão idiossincrática ao Caribe que torna suas férias suas. Que as torna menos comparáveis às minhas, consequentemente seu prazer não é tão minado."

Não somos dotados magicamente de confiança só por ter e experimentar coisas novas. Podemos iniciar o processo demonstrando-nos que somos capazes. Permite-nos olhar para trás e dizer, *eu fiz isso*. Não precisamos de provérbios porque temos provas.

A Outward Bound, organização fundada em 1941 que oferece experiências na natureza e outros programas educacionais, é conhecida por dar aos participantes a oportunidade "solo" – de sair sozinhos e refletir sobre a excursão que acabaram de fazer.

Para muitos estudantes, o solo é o ponto alto da experiência, disse a organização, e depois do processo estudantes relatam níveis mais elevados de confiança e autoestima.

Ao caminhar de volta ao armário, depois da sala quente, eu tinha uma calma corporal vibrante e um sentimento inesperado de amabilidade em relação às mulheres que encontrei ao longo do caminho. Resgatei minhas roupas e me esgueirei em uma cabine para vesti-las. Eu não estava necessariamente partindo com um brilho de frescor, mas com uma estima renovada pela pele que habitamos. Quando saí, uma mulher me apontou uma lata de lixo.

Larguei a toalha ali dentro e retornei à cidade.

Chamado para a prece

Aprendendo a escutar

Os sons levavam um convite.
— Ahmet Hamdi Tanpinar, A Mind at Peace

A voz do muezim ecoou pelo píer de Ortaköy e mar afora. Crepitou através dos alto-falantes dos minaretes, sobre as mulheres de abayas pretas com iPhones cor-de-rosa em paus de selfie, sobre os homens de camisa polo em iates brancos que se moviam para cima e para baixo na água, como as águas-vivas espectrais entre eles.

Uma pequena e alegre multidão estava tirando fotos na beira do Bósforo, sobre a lasca de terra entre a ponte pênsil construída em 1973 e a mesquita de Ortaköy, de estilo barroco, projetada por Nigoğos Balyan (que trabalhou no espaçoso Palácio Dolmabahçe, um dos principais destinos turísticos da cidade também).

Pessoas passeavam ao longo dos caminhos de tijolos sob estandartes da bandeira turca amarrados de um poste de luz ao seguinte, passando por guarda-sóis e tendas com mesas onde comerciantes estavam vendendo olhos turcos azuis (*nazar*) e amuletos de mão de Fátima do tamanho de aldravas. Crianças subiam em escorregadores de plástico numa área de recreação com telefones públicos em formato de golfinho enquanto seus avós lambiam sorvetes de casquinha em bancos à sombra de árvores. Ninguém parou para o muezim. Seu grito não passava de um som a mais entre muitos no píer numa tarde de verão.

Chegou como uma dor, como uma canção, como um anseio antes do amanhecer, na hora de dormir, e três vezes entre intervalos. Era o *adhan*, o chamado para a prece feito por um homem numa torre (ou, como pode ser hoje em dia, por uma gravação).

Toda cidade tem sua paisagem sonora, sua sinfonia particular. Em Nova York, os trens do metrô gritam quando chegam às estações e britadeiras tocam de manhã. Ainda assim conseguimos ler nossos livros e concluir projetos complexos com a necessária concentração. Mas o *adhan* e seu melisma pungente vinham sobre mim e dentro de mim, interrompendo meus pensamentos até a voz sumir e o ar arrepiar em silêncio. Durante vários dias, ele se tornou para mim, ocidental e leiga, uma espécie de chamado para a solidão – "um sino de plena atenção", para tomar emprestada uma frase do monge budista Thich Nhat Hanh. Várias vezes por dia ele me jogava de volta ao momento quando eu estava distraída pelo calor ou por uma dura caminhada subindo uma das colinas da cidade, como eram em agosto quase todas as caminhadas.

"Toda vez que ouvimos o sino", escreveu Nhat Hanh em *Paz a cada passo*, "paramos de falar, interrompemos nosso pensamento e retornamos a nós mesmos." Os monges pausam, disse ele. Respiram. Quando inspiram, às vezes dizem, *Escute, escute*.

Chamado para a prece

Na cidade velha, os chamados para a prece invadem o fervilhante píer de Eminönü. Pessoas saltam de barcos, todas com algum lugar para ir ou alguém para encontrar.

Mulheres rolando malas pararam para comprar os jornais *Hurriyet* e *Daily Sabah* sob um guarda-sol vermelho com propaganda de Coca-Cola. Turistas de short comiam sanduíches de peixe em bancos baixos, em restaurantes em barcos com pequenos domos dourados. Homens vendiam espigas de milho por duas liras; crianças compravam *simit* em carrinhos de ambulante com toldos listrados de vermelho e branco; pescadores penduravam varas sobre o Bósforo; casais em bancos olhavam o mar; um homem de colete laranja varria a praça. Gaivotas circundavam todos eles.

Eminönü é uma das estações de barca mais movimentadas da cidade, embora cada estação exiba suas próprias cenas portuárias coloridas: homens vendendo flores em carrinhos de ambulante e tendas; engraxates de cabelo branco sentados atrás de suas caixas de metal sob árvores e guarda-sóis; táxis ociosos à beira da calçada. Ali perto, as torres de relógio do Terminal Sirkeci, que já foi ponto final do Expresso do Oriente, erguiam-se ao lado de um vagão de trem vazio. Os domos de amplas mesquitas brilhavam à luz do sol.

"Eu gostava de estar sozinha em Constantinopla", disse Greta Garbo à revista *Photoplay* em 1928. "Eu não era solitária." Ela caminhava pela cidade velha sozinha na maioria das vezes, explicando, "Não é necessário ter companhia quando você viaja".

Na cidade velha, há companhias de sobra. Misturei-me à multidão que descia por um túnel sob uma estrada movimentada e fui levada ao longo de barracas que vendiam fones de ouvido, sandálias e brinquedos de plástico. Na extremidade final subi mais escadas de volta ao calor lá fora, seguindo a sul para as antigas arcadas do Grande Bazar.

Eu imaginara encontrar lá corredores labirínticos repletos de especiarias e tecidos artesanais que você não poderia comprar em nenhum outro lugar. Portanto me senti ingênua quando finalmente cheguei ao amplo portão de pedra de um dos mercados mais antigos do mundo e vi que era ladeado por mostruários de óculos escuros de plástico, como a entrada de uma loja de presentes em Times Square. Uma porta onde caberia um gigante estava parcialmente coberta de ímãs de Istambul, alguns em formato de dervixe rodopiante, outros com a dupla função de abridor de garrafa de cerveja. Mas é claro que o bazar tinha essas bugigangas; não era o século quinze.

Dentro, sob tetos abobadados, as coisas ficaram mais interessantes. Tudo se misturava: o velho, novo, barato, extravagante. Havia montes de especiarias e frutas secas – damasco, amora, manga, toronja, abacaxi, morango, gengibre – e latas de chás coloridos com sabores como kiwi, limão, maçã e laranja. Havia caixas de *lokum* (uma delícia turca) com sabor de figo com nozes e damasco, e de amêndoas com mel. Havia cestas cheias de pães da cor de rosas pálidas e mostruários de vidro com ainda mais *lokum*, desta vez em formato de tora e com pistache de sabores mais variados do que eu sabia que era possível: pistache de uva, pistache de leite, pistache de mel.

No labirinto de ruas cobertas, comerciantes chamavam quando eu passava, focos de luz iluminando braceletes de ouro, lenços, cerâmicas e narguilés à venda. Muitas lojas não eram diferentes de butiques de shopping center, com letreiros luminosos, fachadas de vidro e prateleiras de acessórios e utilidades domésticas.

Do lado de fora, sob lonas e toldos, havia ruas inteiras ladeadas de barracas que vendiam utensílios de cozinha e artigos para a casa (vassouras, espanadores de penas, pegadores de mel). Alguns itens – fosse um pacote de esponjas em tamanho econômico ou uma cadeira de madeira – pendiam de cordas como cachos sobre as cabeças dos compradores.

Eu esperava que o bazar fosse diferente de outros lugares que estivera olhando, mas, vinda de uma cultura de shopping center e Walmart, saturada de marcas famosas e cópias baratas similares, eu estava em território familiar entre as roupas e os tênis exibidos ao lado de placas que anunciavam Tommy Hilfiger e Ralph Lauren.

Ao lado de um muro danificado, subindo um curto lance de degraus adjacente ao Grande Bazar, o Sahaflar Carsisi (ou Bazar de Livros Velhos) é comparativamente pequeno, uma praça sossegada rodeada de livrarias de teto baixo. Havia bandeiras turcas pregadas em troncos de árvores e penduradas aqui e ali em barracas e mesas lotadas de romances, dicionários, livros escolares e canetas.

A visão dos livros escolares aguçou meu desejo de visitar a Universidade de Istambul, a cinco minutos a pé, mas o tempo era limitado e ela ficava na direção oposta à de um lugar que eu simplesmente tinha que ver: a Cisterna da Basílica.

Um vasto lago subterrâneo construído no século VI para armazenar a água que fluía das matas ao norte de Istambul, a Cisterna, eu visualizara, era a casa assombrada romântica da cidade. O poeta e jornalista francês do século XIX Théophile Gautier a descreveu como sinistra e lúgubre. Ele imaginou que os barcos que deslizavam em suas águas negras nunca retornavam, como que levados para Hades pelo barqueiro do Estige, e disse que os turcos acreditavam que a Cisterna era habitada por *djinns* e *ghuls*.* Eu mal podia esperar.

Degraus conduziam os visitantes para baixo a partir de ruas banhadas de sol, mergulhando-os numa escuridão intensa sob arcadas de pedra abobadadas à beira de um mar subterrâneo. Centenas de colunas de mármore antigas se estendiam pelo abismo adentro, iluminadas apenas por pequenas lâmpadas na base que davam o efeito de luz de velas. Era assustador conforme eu esperava.

Pontes transportavam os visitantes sobre misteriosos círculos de peixes na água. Acompanhei as colunas, embrenhando-me no escuro ao longo de rampas até onde o público tinha que parar, num beco sem saída no canto noroeste da Cisterna. Ali, como um tesouro num filme de Indiana Jones, estavam duas grandes cabeças de Medusa de pedra. Ninguém sabe como elas chegaram ali. "Dizem que antigamente as estátuas e quadros da Medusa eram postos em prédios muito importantes e lugares privados para serem mantidos longe de maus presságios", sugere uma placa. Guias de viagem e artigos falam do horror dessas cabeças, que a intervalos de minutos eram iluminadas pelo flash da câmera fotográfica de alguém. Um dos rostos de pedra, virado de cabeça para baixo na água rasa, tem bochechas cheias, de aparência macia, e um queixo rechonchudo. Assustador? Ela parece a avó de alguém prestes a cair num cochilo. A outra cabeça está ao seu lado e tem uma mecha de cabelo ondulado que parece uma cobra, mas pelo

---

* Espíritos e demônios da mitologia árabe. (N. do T.)

menos se assemelha a uma espécie encontrada em jardins de subúrbios, e não ao tipo capaz de infligir um ferimento mortal.

O motivo pelo qual a Medusa tinha cobras no lugar do cabelo e podia transformar homens em pedra – quer fosse ela uma mulher ou um monstro, ou ambos ou nenhum dos dois – depende da história que você vier a ler. Na narração clássica de Edith Hamilton, a Medusa era um de três monstros alados, as "Irmãs Terríveis", conhecidas como Górgones, que viviam numa ilha. Coberta de escamas de ouro, com cobras serpenteando em lugar do cabelo, a Medusa era o único membro mortal do trio. Mas era capaz de transformar imediatamente qualquer pessoa em pedra com o seu olhar. Um quadro na Cisterna oferecia outra teoria: a Medusa nasceu bonita, orgulhosa de seu longo cabelo e seu corpo gracioso. Ela estava apaixonada pelo filho de Zeus, Perseu. Infelizmente para ela, Atenas, a deusa da sabedoria, também estava e, num momento de egoísmo, transformou o estimado cabelo da Medusa em cobras. (Na versão de Hamilton, na primeira vez que Perseu encontrou a Medusa ela já era um monstro e ele veio para decapitá-la.) As cabeças na Cisterna tinham uma aparência delicada, dificilmente ameaçadora, e não eram tão grandes quanto eu imaginara.

Quando encontramos inicialmente um lugar ou objeto, num livro ou numa tela de computador, é preciso nos protegermos contra permitir que a imagem se torne a coisa real. "A cópia", como explica o estudioso e romancista Umberto Eco, "parece mais convincente do que o modelo." É claro que eu estava fazendo precisamente o que a pesquisa nos diz para não fazer: eu tinha meu conjunto de expectativas para as cabeças de Medusa em pedra. E então ali, no escuro, distante das cabeças, parei para considerar como era incrível estar a milhares de quilômetros de casa, numa abóbada subterrânea, com estátuas enigmáticas – possivelmente protegendo contra antigos presságios – embaixo das ruas agitadas de uma cidade majestosa.

Das profundezas da Cisterna, subi de volta à rua clara e caminhei até o vizinho Parque Sultanahmet Arkeolojik, entre a Hagia Sophia e a Mesquita Azul, uma área da cidade velha que pode dar a sensação de estar passeando na hiper-realidade absoluta de Eco. Havia longas filas de turistas, o murmúrio de fontes jorrando, gramados bem aparados com bordas douradas decorativas, crianças tagarelando vestidas de sultão, homens jovens interrompendo transeuntes para vender tapetes, mulheres passando fotos em suas câmeras e barracas emprestando lenços e roupas gratuitos para cobrir ombros e pernas nus antes de entrar na Mesquita Azul. Acrescente a tudo isso o lamento repentino do muezim, invisível, assim como o calor tremulante.

O muezim chamava os fiéis para a prece numa tarde de verão, assim como outro muezim fizera antes dele, e outro antes deste, esticando o tempo para trás. Naquela tarde de verão, porém, não havia apenas uma única voz – mas sim uma do norte e outra do sul. *Escute, escute.*

Do lado de fora da Hagia Sophia, crianças mexiam a cabeça pra lá e pra cá, para qualquer que fosse a direção de onde ouviam o *adhan*. Quando um muezim parava, o outro assumia o chamado. Suas vozes intercaladas ecoavam para frente e para trás entre a Hagia Sophia e a Mesquita Azul, através das palmeiras e olaias, através de mim.

Sozinhos, podemos escutar não aqueles que nos dizem que temos que ver o famoso isso ou aquilo, ou a voz em nossa cabeça dizendo que um lugar deve ser como aparece num filme ou num site na internet – mas o que realmente está ali. Podemos ouvir o muezim, o vendedor de livros, o ambulante dos tapetes, os ecos de uma antiga cisterna e os mistérios enterrados dentro dela. Sozinhos, não precisamos falar. Podemos sentir a vibração de uma cidade como ela é naquele momento do tempo e nunca mais será: o som da multidão, as ondas batendo no porto, os gritos das gaivotas precipitando-se sobre o Bósforo.

Aqui, e então se foi.

PERDA

A escada de arco-íris em Beyoğlu

Apreciação

Algum dia no futuro nós nos lembraremos do aqui e agora.
— Orhan Pamuk, *The Innocence of Objects*

Na escada dilapidada entre o Bósforo e Cihangir havia dois corvos pretos e um grupo de gatos esqueléticos. Os gatos pareciam lastimosamente famintos. Os corvos, ao contrário, eram roliços, suas penas tão lustrosas e negras quanto uma mancha de óleo. Seus bicos afiados seguravam frutinhas vermelhas arrancadas do tubo plástico em torno do qual eles se reuniam como se fosse um carrinho de bar, fazendo-os parecer parcialmente humanos, como O *apanhador de corvos* da pintora surrealista Leonora Carrington.

A escada, ou o que restava dela, tinha sua própria estranheza. Era pintada nas cores do arco-íris, mas desde então estas já haviam desbotado. Crescia mato em suas rachaduras. Em alguns lugares, pedaços inteiros dos degraus haviam se desintegrado, de modo que tudo o que restava era uma parte do morro sobre o qual eles haviam sido construídos. Mais tarde, eu aprenderia que esses degraus de arco-íris desbotado são conhecidos como a escada de

Findikli. Em 2013, um engenheiro florestal aposentado chamado Huseyin Cetinel passou quatro dias pintando-os, no que o *New York Times* descreveu como "embelezamento de um ato de guerrilha". O projeto lhe custou cerca de oitocentos dólares em tintas. Quando lhe perguntaram por que fez isso, ele disse, "Para fazer as pessoas sorrirem".

Funcionou. Moradores de outros bairros de Istambul afluíram para os degraus. Sentaram-se neles. Subiram-nos. Tiraram fotos em frente como se estivessem posando diante do Taj Mahal. Mas logo operários do governo vieram e pintaram as escadas novamente de cinza-encouraçado, incitando protestos por toda a Turquia, e no Twitter. Surgiu um hashtag: #DirenMerdiven, ou #ResistaEscada. Outros bairros pintaram suas escadas nas cores do arco-íris em solidariedade. O barulho foi tanto que o governo acabou cedendo e a escada de Findikli voltou ao seu estado de arco-íris.

Desbotados agora, os degraus tinham a beleza assustadora de um conto de fadas quando comecei a subi-los, olhos desviados, esperando não chamar a atenção dos corvos. Esgueirei-me, passei por um muro com arame farpado em cima, em direção a sons abafados da vida doméstica, não vista, vindos de janelas abertas.

"Quem sabe qual foi a rede de fofocas e intrigas que você momentaneamente perturbou?", escreveu De Amicis no século XIX sobre andar por ruas assim. "Você não vê ninguém, mas mil olhos veem você."

A meio caminho na colina íngreme, parei para desacelerar o coração, que batia forte por causa da subida no calor. Homens jovens estavam encarapitados no lance de degraus seguinte como se fossem espectadores num anfiteatro, olhando a cidade de cima.

A escada de arco-íris em Beyoğlu

Para além deles havia mais escadas, levando aonde eu não podia ver. Mas em algum lugar no topo, onde quer que isso pudesse ser, estava meu destino: Cihangir, um bairro que abriga escritores e artistas.

Virei uma curva, passei por um parque infantil com um jovem dormindo ao sol num escorregador e entrei num labirinto de escadas e passagens vazias, tudo quebrado e florescendo. De vez em quando, eu me metia entre prédios de apartamentos com as inevitáveis antenas parabólicas ao lado de suas janelas, fios emaranhados como o cabelo de Rapunzel. Alguns prédios davam a impressão de que uma criatura chegara à noite e mordiscara seus cantos.

A distância, esses becos e ruelas nos vales entre torres e minaretes são invisíveis. Mas de perto e dentro, eles têm uma certa poesia que parece exemplificar a noção japonesa de *wabi-sabi*, de ver beleza em coisas simples, mundanas, que são imperfeitas e passageiras: os restos de um muro grafitado revelando grandes pedras antigas por trás dele; gavinhas verdes espreitando sobre muros. "*Wabi-sabi* é a beleza de coisas imperfeitas, impermanentes e incompletas", escreve o designer e escritor Leonard Koren em sua reflexão sobre o tema. *Wabi-sabi*, diz ele, pode brotar de "um sentimento triste-bonito", uma espécie de melancolia: "Os grasnidos e crocitos tristes de gaivotas e corvos. O berro desesperado das buzinas de neblina." Orhan Pamuk usou a palavra turca *huzun* para descrever a melancolia comunitária de sua cidade em seu romance *Istambul*, assim como seu colega compatriota Ahmet Hamdi Tanpinar fez mais de um século antes em *A Mind at Peace*. *Huzun* é um sentimento, uma mágoa, como explica Pamuk; algo que segundo ele podia ser visto em Istambul numa antiga torre de relógio, num vendedor de cartões-postais antigos, num pescador seguindo mar afora, em mesquitas descuidadas, em "tudo sendo quebrado, desgastado, passado o apogeu".

Segui meu caminho subindo sempre mais degraus, sempre com mais muros se erguendo de cada lado. No alto de mais uma colina – ou seria a mesma? – saí da escada esperando outra viela mas, em vez disso, eu me vi ao lado de um grande oleandro envasado, num amplo bulevar ladeado de árvores. Havia restaurantes e mesas na calçada com toalhas xadrez e cadeiras de café. Os cafés tinham cardápios em tábuas junto ao meio-fio. Foi como se eu tivesse emergido de outra dimensão, outro tempo, como um personagem de um romance de Haruki Murakami.

Era uma tarde em Cihangir. As lojas estavam vendendo *affogato* para viagem e *smoothies*, antiguidades, livros usados e acessórios para a casa. Funcionários e proprietários estavam sentados do lado de fora de suas lojas em cadeiras e bancos. As portas e janelas dos cafés estavam escancaradas, convidando para entrar nas últimas semanas do verão. Dentro, jovens digitavam laptops enquanto escutavam música. "Thriller", de Michael Jackson, perseguiu-me pela rua. Perto de uma mesquita com um minarete branco e fino havia uma placa com uma seta apontando a direção do "Museu da Inocência". Eu a segui.

As ruas de tijolos inclinadas serpenteavam pelo bairro, passando por fachadas de lojas, algumas cobertas de heras, outras parecendo exibir mais artigos na calçada – cartões-postais, livros, chapéus – do que nas prateleiras. Numa rua de tijolos, um amontoado de móveis antigos estava alinhado ao longo da beira da calçada. Telas pintadas, presumivelmente à venda, estavam encostadas e penduradas na parede de um prédio, e em seguida, logo depois de uma viela onde o mato brotava, erguia-se uma casa estreita, vermelho-queimado, com um estandarte vermelho – eu chegara ao museu.

Apesar da faixa, parecia que o lugar teria preferido não ser encontrado, porque estava cerrado como um navio numa tempestade. As janelas estavam fechadas e não havia nem mesmo uma placa sobre a porta na Çukurcuma Caddesi. Demorei um momento para perceber que o guichê ficava na lateral da casa. Subi ao balcão, paguei a taxa de entrada de 25 liras (aproximadamente sete dólares) e abri uma porta para o escuro.

O Museu da Inocência é um lugar, mas é também o título de um romance de Orhan Pamuk, laureado com o Nobel. No livro, o protagonista, Kemal, cria um museu para abrigar os artefatos que passou anos colecionando de e sobre sua amada, Fusun, que, como essas coisas acontecem em histórias de amor épicas, acabou se casando com outro homem. Pamuk concebeu o museu e o romance ao mesmo tempo, embora o livro tenha aparecido primeiro, em 2008. O museu foi aberto quatro anos depois.

O prédio era um dormitório para trabalhadores locais quando Pamuk o comprou, com lixo na entrada e até mesmo ao longo da beira da casa, sob uma placa que avisava "Não jogue lixo". Quando ali estive, nessa tarde de verão, mais de quinze anos depois, estava imaculado.

Os visitantes são informados de que na casa morou Fusun. Em 83 vitrines nas paredes estão artigos do cotidiano de Istambul na segunda metade do século XX (um vestido, um relógio de pulso) agrupados de acordo com os capítulos do livro de Pamuk. Esses objetos, informa um folheto do museu aos visitantes, foram "usados, gastos, ouvidos, vistos, colecionados e sonhados pelos personagens do romance".

O destaque no hall de entrada é uma espiral branca e preta no chão, cujo propósito é significar o Tempo. Ela pode ser vista de cada andar da casa se você se debruçar ligeiramente sobre o vão da escada central. Mas mesmo que a espiral não estivesse ali, seria difícil esquecer o tempo nesse lugar. O museu tem muitos relógios bonitos: um relógio de pé, um despertador, um relógio de bolso; relógios com pêndulo, relógios com carrilhão. Em certos cantos você podia ouvir um tique-taque suave, cada segundo, cada respiração, notava-se e sumia. Entre vidros transparentes estavam chaves antigas de todo tipo, como se tivessem caído do céu e congelado quando o tempo de repente parou.

No romance, Kemal sugere que lembrar-se do Tempo é, com frequência, doloroso, porque ele é linear e acaba chegando a um fim. E então ele propõe que tentemos parar de pensar na noção aristotélica do Tempo e, em vez disso, que o apreciemos por cada um de seus momentos mais profundos. Cada objeto no museu, por exemplo, tem o propósito de preservar e celebrar um momento feliz com Fusun. Nenhum item é insignificante demais. Considere a vitrine 68: uma exposição quase entomológica de 4.213 tocos de cigarros, cada um deles tragado e apagado por Fusun, alfinetados numa parede como borboletas num museu de história natural.

O brilho tênue das vitrines oferece pouca luz a cada andar, de modo que os visitantes só estão conscientes de que está de dia por causa da luz do sol que se infiltra pelas frestas nas janelas fechadas. O último andar é uma exceção. Penduradas nas paredes estão páginas do manuscrito original de Pamuk, escrito à mão em turco com palavras riscadas, borrões, desenhos e rabiscos. Numa dessas páginas está a primeira frase do romance: "Esse foi o momento mais feliz de minha vida, embora eu não soubesse disso" foi escrito em 2002, quando Pamuk estava visitando a Biblioteca Pública de Nova York, na Quinta Avenida.

Vagando pelos andares escuros da imaginação de Pamuk, você não consegue evitar se sentir nostálgico. E talvez um pouco triste. Cada relíquia, cada objeto, levou-me a pensar no que o teórico Roland Barthes disse sobre fotografias em *A câmara clara*: você pode olhar para eles e dizer, "*Aquilo* está morto e *aquilo* vai morrer". Assim como o molde de gesso da mão de Chopin no Musée de la Vie Romantique, de que adianta isso sem o homem?

Embora os objetos no Museu da Inocência tivessem o propósito de comemorar momentos felizes, eu me senti triste por trás das janelas fechadas com os remanescentes de uma vida. Não importava que Fusun e Kemal não fossem reais. Kemal parece um representante de todos nós, daquilo que tentamos manter; daquilo que acabamos perdendo. Não é difícil, estando naquela casa, imaginar-se envelhecendo, perdendo pessoas que você ama, sentindo-se traído pela solidão.

Quando terminei de olhar o manuscrito cheio de marcas, eu estava me coçando de vontade de me juntar novamente ao mundo. Desci os degraus de volta à espiral do Tempo na entrada e saí para o sol da tarde avançada, grata por senti-lo em meu rosto, por deixar as caixas de sombra, por estar caminhando (descendo!!!) para o Bósforo resplandecente, para as ruas vivas de pessoas, para tudo que eu não havia perdido.

Antes que ele se vá

Efemeridades

*O vento da manhã
espalha
seu aroma fresco.
Devemos nos levantar
E absorver
esse vento que
nos permite viver.
Respire antes
que ele se vá*
   — Rumi

Uma semana antes de chegar a Istambul, eu estava indo para a Times Square com suas britadeiras, sirenes e Citi Bikes, o homem fantasiado de Mickey Mouse carregando sua cabeça peluda pela 42nd Street como uma bola de boliche, bandos de pombos sem unhas, telas brilhantes gigantes, gotas caindo sobre sua cabeça e você rezando para que fossem de um ar-condicionado.

 Eu acabara de ler *A arte da quietude*, de Pico Iyer, em que ele escreve sobre Leonard Cohen, o cantor e compositor que passou mais de cinco anos num mosteiro na Califórnia. O livro me deu vontade de ouvir a voz profunda e rascante de Cohen, e foi assim que acabei indo vários dias para o trabalho de manhã ouvindo "Hallelujah" repetidamente, acompanhando o ritmo de cavalos puxando carruagens vazias, todos nós seguindo a passos pesados para o leste.

Passaram-se apenas alguns dias e eu estava subindo os degraus do museu Istanbul Modern, a mais de oito mil quilômetros de distância. De um lado estava a bela e enguiçada torre do relógio de Tophane – a mais antiga do tipo em Istambul, de acordo com o *Daily Sabah* – ao lado de árvores frondosas que davam a impressão de que um dia poderiam tentar engolir o relógio inteiro. A poucos metros de distância, uma pilastra vermelha alta anunciava o Istanbul Modern, prenunciando sua estética industrial, com a rede de encanamento exposta e as grandes janelas do antigo armazém que hoje abriga obras de importantes artistas contemporâneos.

Uma das primeiras coisas que vi quando entrei foi uma instalação de vídeo chamada *Undressing*. Nela, a artista Nilbar Gures, nascida em Istambul, estava escondida sob camadas de lenços de cabeça. Ela os retirava um a um, recitando nomes de mulheres que conhecia, num esforço para mostrar, conforme explicou, que elas são indivíduos, e não representações de países específicos, ou do Islã, ou de "ideias religiosas ou nacionalistas".

Enquanto ela descascava os lenços, ouvi a distância um fraco *hallelujah*. Era suave – tão suave que era quase inaudível; o eco de uma manhã de verão ouvida a meio mundo de distância.

Hallelujah...

Caminhei em direção àquilo, aprofundando-me no museu.

Hallelujah...

Não era a voz de Leonard Cohen, embora fosse sua canção.

Segui a voz, passei por uma série de fotografias em branco e preto de Yildiz Moran, a primeira fotógrafa da Turquia a receber formação acadêmica, como explicava uma placa. Perto dos fundos do museu, encontrei a fonte da música: um alto-falante num domo de plástico pendurado no teto. Parecia algo que George Jetson poderia usar para voar de sua garagem para a sala de estar. Fiquei embaixo.

Hallelujah...

A canção fazia parte de uma instalação de vídeo chamada *I Can Sing* (2008), do artista turco Ferhat Özgür. A obra fora incluída em sua exposição individual em Nova York, no MoMA, em 2013, mas era a primeira vez que eu a via. O vídeo mostra uma mulher anatólia de lenço na cabeça sincronizando os lábios com a versão de Jeff Buckley para "Hallelujah", em meio a um empreendimento residencial que cresce numa estrada para um aeroporto. Algo na música, o lugar, a mulher olhando para a câmera e sincronizando os lábios, levou-me às lágrimas. O vídeo, dizia o texto de parede, com sua figura feminina e voz masculina, seu traje tradicional e sua música ocidental, tem o propósito de mostrar "sentimentos conflitantes de luto e alegria e de aprovação e resistência diante da mudança".

> *I heard there was a secret chord*
> *That David played and it pleased the lord*[*]

Afastei-me de *I Can Sing*, olhando outras obras, como uma do designer de moda Hussein Chalayan, que usou gravações de gritos

---

[*] Ouvi que havia um acorde secreto/Que Davi tocava e agradava ao Senhor. (N. do T.)

de gaivotas – as eternas residentes da cidade, como ele explicou certa vez. Ainda assim eu podia ouvir "Hallelujah". Fui até o café e restaurante chique Istanbul Modern, no lado oposto do andar, e pedi uma mesa no deque, junto à água.

Numa cadeira de ratã ao lado do Bósforo, de frente para os domos que florescem sobre o Corno de Ouro, pedi um prato de espinafre caseiro e ravióli de queijo. O garçom trouxe uma cesta de arame cheia de pãezinhos tostados e uma tigelinha de azeite condimentado com azeitonas pretas e sementes de erva-doce. À minha direita, pela janela do restaurante, estava um homem comendo sozinho e escrevendo num notebook. À minha esquerda, estava o Bósforo azul-aço. Os navios iam e vinham, mas o refrão permanecia.

Hallelujah.

Em meu último dia em Istambul houve um ataque a oeste de meu hotel, no Palácio Dolmabahçe, como parte do conflito entre militantes de esquerda e forças turcas, disseram os noticiários. Uma granada fora lançada; tiros haviam sido disparados contra guardas. Os agressores – dois homens com uma arma automática, munição e granadas de mão – haviam sido presos. Ninguém fora morto.

Cinco meses depois, um jovem integrante do Estado Islâmico entrou caminhando no distrito histórico central, que abriga a Mesquita Azul e o hamam Cemberlitas, e detonou um colete de explosivos. Dez turistas foram mortos e mais de uma dúzia ficaram feridos. Era o começo de uma onda de violência.

Horas antes do ataque no Palácio Dolmabahçe, eu estava deixando o hotel. Era mais uma manhã quente, ensolarada. Meu táxi encostou fora dos portões e momentos depois estava passando pelo Palácio Dolmabahçe, o terminal das barcas para Üsküdar, o Istanbul Modern.

No museu, ao lado do vídeo em que tocava "Hallelujah", havia uma instalação intitulada *Bring Yourself to Me* (2009), da artista Handan Borutecene. Era uma mistura de cadeiras marrons com máscaras africanas sobre elas, malas que haviam sido carregadas por migrantes da Turquia para a França e lupas datadas de 1890 a 1960. As cadeiras eram do Palais de la Porte Dorée, em Paris, que abrigou diversos museus etnológicos. Os visitantes eram incentivados a usar as lupas para examinar as marcas nas malas, e o texto de parede explicava que a obra fazia parte de uma reflexão sobre como a imigração pode enriquecer uma nação. Também na parede havia uma referência a um poema de Rumi. "Como é bom migrar de uma forma nova todos os dias", dizia a tradução em inglês. "E como é bonito se assentar de uma forma nova todos os dias."

O táxi seguiu veloz para o aeroporto, onde eu chegara apenas alguns dias antes. Foi num táxi que eu veria pela primeira e última vez o Bósforo. Este estava cintilando ao sol do fim da tarde no dia em que desembarquei. Banhistas sem camisa estavam estirados sobre os muros de contenção do mar. De vez em quando o trânsito parava e homens rijos entravam na rodovia, acenando entre os carros, vendendo água, rosas, arcos e flechas, ramos de trigo, carregadores de celulares para carro, motocicletas de brinquedo, *simit* em travessas milagrosamente equilibradas sobre suas cabeças. Quando o trânsito começava a se mover de novo, eles retrocediam como a maré.

Agora a estrada estava se afastando do Istanbul Modern, da torre do relógio quebrada e da garota de saia rosa na silenciosa mesquita no lado asiático do Bósforo. "Tantas palavras que pertencem a ontem", dizia o poema de Rumi. "Agora precisamos dizer coisas novas."

Nos meses seguintes haveria ataques terroristas por toda a Turquia: em áreas turísticas, em comemorações privadas, durante eventos esportivos. Mas estes seriam em menor número do que os dias silenciosos e calmos. O bazar abre seus portões. As barcas vão e vêm ligeiras.

Pensei nas pessoas e lugares que eu havia visto, e nos muitos outros que eu não havia visto e desejava ver um dia. E pensei em como temos sorte por aproveitar o que quer que possamos, por qualquer que seja o tempo que temos, em paz, sob um céu azul, num fim de verão.

PARTE III

Outono

Florença

SILÊNCIO

Setas e anjos

Jogos para um

> *Seja como o promontório do mar contra o qual as ondas quebram continuamente, mas que permanece firme, e nele as ondas volumosas são silenciadas e aquietadas.*
> — Marco Aurélio, Meditações

O caminho era margeado de folhas alouradas, quebradiças, enroladas nas pontas. As árvores tinham um brilho amarelo à luz do sol, como as casas de fazenda na encosta. Não fosse a cor da folhagem você poderia esquecer que era outono na Toscana, que em poucas horas a luz e o calor teriam ido embora e o vento viria e abriria caminho em sua espinha dorsal enquanto você seguia depressa para casa sobre o rio escuro.

Você não pensa nisso quando está numa colina alta, acima da cidade velha de Florença, entre pinheiros-mansos e ciprestes, num dia de outubro que parece junho. Dessas alturas, tudo parece distante. Até o Duomo parece um brinquedo.

Algumas horas antes eu estivera em uma das ruas antigas da cidade, cabeça empinada para conseguir ver a cruz esguia sobre a Igreja de Dante, quando quase fui cortada ao meio por um pelotão de turistas de capacete sobre Segways, voando em direção à Piazza della Signoria, onde mais tarde os vi estacionados em frente à réplica de *Davi* como se esta fosse a tela de um cinema ao ar livre.

Outono ficava fora da temporada em Florença. Henry James escreveu sobre seus "brilhantes" dias de outono ali, quando o "caminhante pensativo" tinha a cidade para si e "a própria população nativa parecia escassa". Eu estava perseguindo um pouco dessa quietude – um pouco do *dolce far niente*, o doce ócio – nos primeiros dias de outono, a temporada das trufas e das castanhas, quando as pessoas absorvem as últimas horas quentes em cadeiras Adirondack ao longo do Arno, bebericando vinho em mesas sobre a grama. Mas, com muita frequência, eu me via numa viela atrás de um bando de turistas e um guia segurando no alto um guarda-chuva fechado, como uma tocha.

Poucos lugares estão realmente fora da temporada hoje em dia. Além disso, historicamente Florença não é um lugar de paz. As ruas próximas ao Duomo tinham nomes como Morte, Inferno e Caminho do Descontente, como escreve Mary McCarthy em *The Stones of Florence*. No Bargello, o museu de esculturas renascentistas, pessoas eram executadas. "Na encantadora Piazza della Signoria", conforme descrevia um cartão de itinerário em meu hotel, homens foram enforcados e o pregador Girolamo Savonarola foi queimado, como os cosméticos e livros que ele denunciava nas fogueiras das vaidades. Durante a construção do Duomo, "do amanhecer ao crepúsculo soavam no ar os golpes do martelo do ferreiro, o ronco dos carros de boi e os gritos de ordens", como nos diz Ross King em *O domo de Brunelleschi*, seu relato sobre o domo colossal e seu criador, Filippo Brunelleschi. (O próprio Brunelleschi não está tendo muita paz: encontrei sua tumba atrás de grades, por uma abertura numa parede da abarrotada loja de presentes da catedral de Florença.)

Antes de subir a colina, eu estava planejando passar um dia tranquilo no coração da cidade velha. Mas então quase fui ceifada na Igreja de Dante. No Bargello, o *Baco* de Michelangelo estava cercado de visitantes. Do outro lado da rua, na Igreja de Santa Maria Assunta, da Abadia Fiorentina, um grupo de turistas formara um bloqueio no meio da escada. E então atravessei a ponte Santa Trinita – reconstruída várias vezes desde o século XIII, depois de ser destruída por enchentes e explodida por tropas alemãs no fim da Segunda Guerra Mundial – para comungar com *Outono*, uma das quatro estátuas que, instaladas no século XVII, representam as estações e mantêm guarda nos cantos da ponte.

Mas, sob os pés nus de *Outono*, adolescentes estavam andando desordenadamente, ciclistas tocavam suas buzinas freneticamente e Vespas e motocicletas passavam zunindo a centímetros dos dedos do meu pé. Quase todos os caminhantes nessa cidade estão em "perigo de morte", como observou McCarthy: "Se você der um passo atrás no pavimento para olhar um palácio, provavelmente será atropelado."

Fugi de volta pela ponte e passei pelos homens que seguravam paus de selfie como se fossem varas de pescar, perguntando "Selfie?" quando você passava. Passei apressada por *Primavera*, a estátua que perdeu a cabeça depois do bombardeio alemão. Quando a ponte foi reaberta, nos anos 1950, as estátuas das estações, incluindo a *Primavera* sem cabeça, foram devolvidas a seus postos. A Parker Pen Company ofereceu três mil dólares a quem pudesse localizar a cabeça, de acordo com a historiadora de arte Eve Borsook, mas só em 1961 uma equipe de dragagem a encontrou no

Arno. Após uma breve exibição sobre uma almofada de veludo vermelho no Palazzo Vecchio, escreveu Borsook, "ela foi firmemente recolocada sobre os ombros de La Primavera". Ninguém saberia hoje de sua história se não fosse a suave rachadura, como um colar, em torno de seu pescoço pálido.

Virei na Lungarno degli Acciaiuoli, uma via movimentada ao longo do Arno, em meu caminho para a Biblioteca Central Nacional de Florença, onde subi a escada. Finalmente, quieto.

"Visitantes não", disse a mulher atrás do vidro.

As visitas, como eu saberia se tivesse verificado antes, eram apenas com hora marcada.

Não é preciso marcar hora para entrar na Biblioteca Medicea Laurenziana, perto da Piazza San Lorenzo, que abriga obras reunidas por importantes humanistas da época, mas que também fica cheia de visitantes ansiosos para ver sua escada incomum no hall de entrada, com degraus elípticos projetados por Michelangelo.

Mas havia outro lugar tocado por Michelangelo que eu suspeitava que pudesse oferece alguma paz, e que eu estava certa de que não exigiria uma reserva: o cemitério do Porte Sante.

O cemitério fica numa colina acima da cidade velha, atrás da Basílica de San Miniato, assim chamada por causa de um mártir cristão do século III conhecido como são Miniato. Acusado de herético, Miniato foi decapitado. Diz-se que depois disso ele apanhou a cabeça decapitada e caminhou do Arno às colinas, até seu eremitério. Esta não é uma tarefa fácil, mesmo com a cabeça intacta.

Minha caminhada a partir da cidade velha começou cruzando o Arno, onde durante séculos lãs foram lavadas, peles de animais submergiram e mármores flutuaram vindos de Carrera. No Oltrarno, passei sob a Porta di San Miniato, um velho arco de pedra no sopé de uma colina, e subi a Via del Monte alle Croci em direção aos degraus com terraço que se tornam cada vez mais íngremes, ao longo de uma fileira de árvores. O que de início pareciam alguns troncos finos aqui e ali se revelaram cruzes altas e simples plantadas na terra. Galinhas bicavam o chão em torno delas, suas cristas vermelhas fremindo.

À medida que você ascende aos degraus, as estreitas ruas cinzentas dão lugar à encosta verde-escura aveludada, pontilhada de casas de fazenda cor de mostarda e fortificações de pedra projetadas por Michelangelo para proteger Florença durante o cerco de 1529. Quando a escada finalmente termina, você chega a uma calçada curva sob galhos de árvores e postes de luz, tão preta e delgada quanto uma caligrafia. Há bancos de onde se podem ter vistas amplas da cidade e das montanhas azuis que a envolvem. Você não está, porém, exatamente na basílica.

San Miniato está encarapitada sobre a colina, do outro lado da estrada. Atravessei correndo para não ser atingida pelos carros que fazem a curva velozes, e subi mais degraus de pedra, passando por balaustradas, entre cercas vivas bem aparadas e através de portões enferrujados, até chegar ao topo. Mas antes de circular pelo cemitério adjacente entrei na basílica, descendo até a cripta à luz de velas, onde turistas estavam conversando ao lado de uma placa que pedia silêncio. Florença é repleta de placas de *"Silenzio!"*, incluindo uma placa elétrica na Basílica de Santa Croce, com as palavras SILÊNCIO – RESPEITO acesas. A necessidade de isso estar escrito em letras grandes e iluminado, como uma placa de uma lanchonete 24 horas dentro de uma basílica concluída no século XIV, é uma indicação do que se enfrenta de vez em quando.

Michelangelo está entre os luminares enterrados em Santa Croce. Em vida, ele passou um bom tempo sozinho. Como podia se retirar confortavelmente em solidão, algumas pessoas o consideravam arrogante; outras achavam que ele era bizarro, conta-nos Ascanio Condivi, um pintor florentino colega e seu biógrafo. Mas ele acreditava que Michelangelo não era uma coisa nem outra. Embora o trabalho o tenha tornado solitário, Condivi disse que este lhe "proporcionava tanto prazer e realização que a companhia de outros não apenas deixava de satisfazê-lo como até o angustiava, como se o distraísse de sua meditação".

Michelangelo com frequência trabalhava tarde, às vezes amarrando uma vela no chapéu para iluminar sua área de trabalho. Quando esculpiu *Davi*, tinha uma estrutura de madeira construída em torno do pedaço de mármore para poder trabalhar sem ser visto.

"Ninguém deveria achar estranho que Michelangelo amasse a solidão, porque ele era profundamente apaixonado por arte", escreveu o artista Giorgio Vasari em *As vidas dos artistas*, seu abrangente relato sobre o trabalho de seus amigos e contemporâneos, que também vinham a incluir gente como Brunelleschi, Da Vinci e Donatello. Tanto Vasari quanto Condivi nos contam que não era surpreendente, mas sim necessário, que Michelangelo evitasse companhias. "Qualquer um que queira se dedicar ao estudo da arte deve se abster da sociedade de outros", disse Vasari. "Na verdade, um homem que dá seu tempo aos problemas da arte nunca está sozinho."

Quando um amigo disse a Michelangelo que era uma vergonha ele não ser casado, com filhos que pudessem herdar suas obras, Michelangelo respondeu, "Eu sempre tive essa minha arte exigente como uma esposa me assediando demais, e as obras que deixo para trás serão meus filhos". Criadores e inovadores, independentemente do gênero ou da orientação sexual, lutam há muito tempo para equilibrar trabalho e relacionamentos. Lembra-se de Darwin? Tem ainda Keats, que disse a seu irmão e sua cunhada que nunca quis se casar, insistindo, "Minha Felicidade não seria tão boa, já minha Solidão é sublime", embora ele tenha ficado noivo. Amelia Earhart pensava de maneira semelhante, tendo escrito a seu futuro marido: "Você deve saber mais uma vez de minha relutância em casar, meu sentimento de que com isso destruo minhas chances no trabalho, que significa muito para mim."

Assim como Santa Croce, San Miniato é um destino popular, não apenas pelo que há dentro da basílica mas também pelas vistas panorâmicas de Florença abaixo. Os visitantes parecem passar tanto tempo ou mais fotografando a cidade quanto explorando a basílica ou os velhos túmulos de cada lado de sua fachada, alguns abrilhantados por rosas ou com doces espalhados. Poucos circulam pelos fundos, subindo a colina e indo até o amplo cemitério do Porte Sante, atrás da torre do sino, que Michelangelo revestiu com fardos de lã e colchões para protegê-la de balas de canhão durante o cerco. Ali, sobre um banco de madeira ao sol ou num caminho sombreado entre mausoléus, você pode estar sozinho entre amantes esculpidos em mármore, anjos alados que nunca alçam voo e bustos de bronze de homens que vão se tornando verdes com a idade, lançando sombras na luz da tarde.

Alguns mausoléus são ornados, com mármore colorido e domos em forma de cebola. Outros são simples. Um desses últimos quase lembra um desenho de casa infantil, com um telhado em ponta e o número 37 em sua frente de pedra, cor de ostra. Fica ao longo de um caminho de pedras e musgos, perto de outras criptas banais, numa espécie de conjunto habitacional para falecidos. Quando cheguei, os portões estavam com correntes enroladas e as cortinas fechadas. Eu teria passado direto se não fosse um cartão branco pendurado numa fita vermelha amarrada ao portão. Eu o abri e vi um rosto familiar.

Francamente, pensei que haveria mais cartões – e flores também; talvez até brinquedos. Mas havia apenas o cartão com dois buracos perfurados no canto para a fita vermelha passar. O papel parecia ter sido desbotado pelas chuvas e branqueado pelo sol. Nele havia o desenho de um menino com um nariz comprido e um chapéu em forma de cone. Acima do desenho havia duas palavras muito apagadas, como se tivessem sido escritas por um fantasma: "Padre Pinocchio."

Diz-se que o mausoléu contém os restos de Carlo Collodi, florentino e autor de *Pinóquio*, embora, caso você procure a sepultura por esse nome, como de início eu fiz, não a encontrará. Ele nasceu Carlo Lorenzini e está sepultado no mausoléu da família, onde, sobre os portões, está o sobrenome: LORENZINI.

Eu ainda estava segurando o desenho quando ouvi vozes se aproximando. Parti e tomei um caminho estreito entre mausoléus, que atravessa um pequeno gramado irregular, passa por canteiros vazios, pretos de sujeira, e chega a tumbas com vista para o Duomo. A essa distância, seus tijolos laranja-queimado estavam da cor de folhas mortas. Quando ele estava sendo construído, habitantes da área foram removidos de suas casas, e "os ossos de florentinos mortos há muito tempo foram exumados de seus túmulos" para se criar uma *piazza* ao lado da igreja, conta-nos King. É apropriado, portanto, que se possa ter algumas das vistas mais impressionantes do Duomo quando se está em meio a jazigos e lápides.

Setas e anjos

A essa altura, o sol estava se pondo. Provavelmente há uma hora em que estar sozinho num antigo cemitério deixa de ser sereno e se torna assustador, mas não me importei em descobrir precisamente quando era isso. Dei uma caminhada final pelo lugar antes de seguir um caminho para a saída, passar por um quadro de avisos da igreja, onde, pendurado num barbante sobre uma tachinha estava um Pinóquio do tamanho da palma da mão, com um bracinho de madeira erguido como se estivesse acenando um alô.

Ou seria um até logo?

⁂

Algo na placa não parecia certo.

Mais uma vez eu me desgarrara do coração da cidade velha, caminhando a norte, em direção à estação de trem Rifredi. Eu estava numa rua comum com o que, à primeira vista, parecia ser uma placa comum de Não Entre. Mas não era, como se veria, tão comum.

A placa de Não Entre florentina habitual é um círculo vermelho com uma barra branca flutuando. Essa, após uma inspeção mais aproximada, tinha um bonequinho, como aqueles de placas de obras, pairando atrás da barra branca. Em uma de suas mãozinhas havia um cinzel, que ele estava usando para esculpir a barra branca como se esta fosse uma peça de mármore. No "mármore" eu pude distinguir traços de um rosto: um olho, um nariz, uma boca. O bonequinho estava esculpindo uma estátua na pedra branca, assim como Michelangelo esculpira o *Davi*. Não pude evitar um sorriso diante dessa pequena extravagância: uma piscadela para aqueles que a olhavam de perto o suficiente para ver isso.

Mas isso não era tudo. Ali perto, a seta branca vertical da placa de Mão Única também havia sido reimaginada. Em cima da ponta da seta, alguém acrescentara um círculo branco significando uma cabeça. E sobre o círculo havia um halo – de modo que a seta apontando para o alto parecia um anjo de túnica branca.

Numa placa de obras amarela e preta, o bonequinho operário agora tinha uma bola e uma corrente presas ao tornozelo. A alguns quarteirões de distância, um sinal de Proibido Estacionar vermelho e azul estava parcialmente coberto de uma teia preta que parecia ter sido disparada ali pelo Homem-Aranha.

Numa placa de direção, a seta horizontal havia sido alterada de modo a se dissolver em margaridas.

Essas placas de rua adulteradas eram tão abundantes quanto flores silvestres. Eu as encontrei no caminho para fora da cidade velha, perto da Piazza della Indipendenza, onde pessoas relaxavam em bancos com seus casacos outonais. Eu os encontrei ao longo de entroncamentos tortuosos de trilhos ferroviários e do outro lado de um túnel baixo, grafitado, no caminho para as colinas de Montughi, para o jardim Robert Baden Powell e para o Museu Frederick Stibbert. O Stibbert é a opulenta antiga residência de um financista do século XIX e sua coleção de armas do século XV ao XIX, que ostenta uma sala de cavalgada com fileiras de cavalos e estátuas de homens com armadura.

Mas eu estava mais interessada num homem chamado Clet Abraham, o artista de rua francês que vive em Florença e usa espertamente adesivos para transformar setas em anjos e barras de placas de Não Entre em esculturas. Esse não é bem o tipo de arte que você espera buscar numa cidade de obras-primas do Renascimento. Mas todas essas obras-primas podem esgotar você.

Consta que Stendhal, o autor do século XIX de *O vermelho e o negro*, viu tanta arte espetacular em Florença que se sentiu desfalecendo. Ele não está sozinho. Desmaios – sem falar em suor, depressão, euforia ou alucinações – são tão comuns entre turistas em Florença que quando Graziella Magherini era chefe de psiquiatria no Hospital de Santa Maria Nuova, na cidade, chamou isso de "Síndrome de Stendhal".

"A Síndrome de Stendhal ocorre com mais frequência em Florença, porque temos a maior concentração de arte renascentista do mundo", disse certa vez Magherini à revista *Metropolis M*. "As pessoas raramente veem apenas uma única obra, mas se sobrecarregam com centenas de obras-primas num curto período."

O distúrbio é controverso; não aparece no *Diagnostic and Statistical Manual of Mental Disorders*, da Associação Psiquiátrica Americana. Mas, acometido ou não, espionar um Clet Abraham na rua depois de um dia de passeios turísticos é como lhe servirem um *limoncello* gelado. Embora suas obras estivessem por toda a cidade, poucas pessoas pareciam notá-las. De fato, muitos objetos e talismãs que "encontrei" quando estava viajando – o livro de mistério no jardim em Paris, moedas de euro, placas de trânsito alteradas – não estavam escondidos. Estavam em plena vista, esperando para ser vistos. Tomando emprestada uma frase do poeta Gary Snyder, a solidão nos dota de uma espécie de "poder de visão" que aumenta os sentidos e eleva o estado de alerta para coisas cotidianas que muito facilmente podem passar despercebidas.

Enquanto grupos turísticos passavam, saí à procura de mais placas de Abraham como se fossem ovos de Páscoa. Cada vez que encontrava uma, parava para admirá-la enquanto pessoas me empurravam ao passar por mim, como se nem eu nem a placa estivéssemos ali. Era como estar num museu e ter obras de arte para mim. E dessa maneira inesperada, em esquinas de ruas e sob postes de luz, encontrei um tipo de solidão apesar das multidões.

Procurar placas me fez lembrar de um jogo que era uma seção regular da revista *Highlights for Children*, em que você tinha que procurar objetos escondidos em ilustrações de cenas cotidianas; de procurar o nome "Nina" disfarçado dentro das caricaturas de Al Hirschfeld no *New York Times* de domingo; de um dever de casa da escola primária sobre "coisas encontradas", que exigia de cada um de nós sair com um adulto em busca de objetos aleatórios interessantes nas ruas. Esse tipo de busca assume um novo significado na vida adulta. Você pode inventar seus próprios jogos (como perseguir esfinges parisienses ou placas de Clet Abraham) ou projetos, como a série "People Sleeping in Museums", do fotógrafo Stefan Draschan, que mostra visitantes cochilando em meio a obras de arte. Ou adquirir algo como "Anywhere Travel Guide", um baralho de 75 cartas, cada uma delas contendo uma instrução como "Comece a caminhar até ver alguma coisa particularmente amarela. Repare essa coisa", ou "Se você pode ver uma loja de onde está, entre nela. Pergunte a alguém ali aonde ir em seguida."

Uma carta de Anywhere orienta você a seguir um estranho. Isso, acredite, é algo que Da Vinci fazia. Ele tinha o hábito de passar dias inteiros seguindo homens e mulheres que lhe chamavam a atenção, em particular alguém com um "cabelo ou barba estranhos", de acordo com Vasari. Mais tarde, Da Vinci desenhava a pessoa de memória.

Em 1969, o artista performático Vito Acconci seguiu estranhos a pé em Nova York durante todo o tempo em que eles permaneciam num espaço público. (Embora isso pareça extremamente sinistro, é considerado um dos trabalhos mais notáveis de Acconci.) Todo dia, durante um mês, Acconci escolhia alguém e o acompanhava pelas ruas de Nova York, explorando ideias sobre espaço público e privado, registrando suas andanças em anotações e fotos. O "acompanhamento" terminava quando a pessoa entrava num espaço privado.

Nos anos 1980, a artista conceitual francesa Sophie Calle acompanhou e fotografou secretamente estranhos nas ruas de Paris simplesmente por prazer. Em determinado momento, numa reunião de pessoas, ela encontrou um homem que havia seguido no mesmo dia. "Durante o curso de nossa conversa, ele me contou que estava planejando uma iminente viagem a Veneza", escreveu ela em seu livro *Suite Vénitienne*. "Eu decidi segui-lo." Então ela embarcou num trem para a Itália, onde, disfarçada com uma peruca loura, comeu sozinha, seguiu e fotografou o homem que de nada suspeitou (conhecido no livro como Henri B.) e manteve anotações sobre os movimentos dele em Veneza, registrando os horários. Ela se tornou descuidada – ou se permitiu tornar-se descuidada – e acabou sendo descoberta. Mas Henri B. tinha espírito esportivo e, aparentemente, ficou mais lisonjeado do que temeroso. Calle tentou fotografá-lo quando eles se encontraram, mas ele ergueu a mão para esconder o rosto. Ele tinha suas próprias regras.

Acconci (cuja biografia no Twitter dizia "Vito Acconci agora está seguindo você no Twitter") descreveu-se como um "fazedor de situação". Sozinho, você pode ser isso também, criando seu próprio jogo. Com sua atmosfera alegre – os carrosséis e as passagens escondidas; os capacetes e armaduras tradicionais que você pode experimentar no Museu Stibbert; as esculturas e fontes em que você joga moedas para ter sorte – Florença se presta a esse tipo de brincadeira.

∽∞∽

Naquela noite, retornei ao Savoy. Esse hotel butique instalado num prédio grandioso dos anos 1890 tinha quartos claros com teto alto, pisos de tacos de madeira e grandes janelas davam para o Duomo ou a Piazza della Repubblica, a praça que já foi o local do fórum romano e do gueto judeu. Foi também pano de fundo para a foto feita por Ruth Orkin em 1951 de uma viajante solitária, *American Girl in Italy*, que apareceria na revista *Cosmopolitan* com um artigo intitulado "Não tenha medo de viajar sozinha". Desde então o Savoy passou por amplas reformas, mas no momento meu quarto era um retiro elegantemente parco. Andei descalça pelo piso liso de madeira em espinha de peixe até a janela ampla e deixei entrar o zumbido da *piazza* abaixo. A pantomima da noite estava acontecendo: jovens parados em pequenos círculos, fumando, falando sobre uma intriga ou outra, entrando ou saindo em fila de um restaurante que servia pizza e vinho. Essa é a beleza dos antigos prédios europeus; são altos o bastante para ter ninhos de corvos, mas não tão altos que você fique isolado dos ritmos da rua. Debrucei-me para fora. Num lado da *piazza* estava o Gilli, um café e confeitaria que existe em Florença em um ponto ou outro desde 1733; no lado oposto da *piazza* estava a loja da Apple. Deixei a janela aberta e levei meu laptop à cama para escrever.

Uma hora depois, meus olhos estavam tremulando e se fechando. Levantei-me e voltei à janela. A *piazza* ainda estava cheia quando pus as mãos nas venezianas. O pequeno esforço exigido para abri-las e fechá-las marcava o começo e o fim de cada dia com uma cerimônia casual. Era muito mais gratificante do que empurrar para o lado uma cortina ou puxar uma cordinha. Abrir as venezianas era convidar a manhã a entrar. Fechá-las com uma batida suave era reconhecer a passagem de mais um dia.

Puxei-as na direção do peito, levantei um trinco prateado, depois o outro, e silenciei a cidade.

Sozinha com Vênus

Sobre ver

Passei três horas esta manhã principalmente na contemplação de Níobe, e de um Apolo favorito; todos os pensamentos e preocupações mundanos parecem desaparecer...
— Percy Bysshe Shelley em carta à sra. Shelley, de Florença, 1821

Ninguém estava parado em frente a O *nascimento de Vênus*. Éramos apenas eu e a deusa de cabelo castanho-avermelhado.

Eu passara pelos detectores de metal da Galeria dos Uffizi arrastando os pés com a multidão de sábado de manhã, subira a escada, atravessara os corredores com tetos pintados e entrara na sala dos Botticelli – e não havia uma alma ali. Na parede, como que pendurada sobre o sofá da sala de estar de alguém, estava a obra magistral do século XV de Botticelli: a deusa do amor numa concha de vieira, junto às praias de Chipre. Era a mesma imagem com tanta frequência estampada sobre qualquer coisa que pode ser vendida numa loja de museu – camisetas, bolsas, calendários, chaveiros – sem falar em sua presença no lado nacional dos dez centavos de euro italianos. Apesar da fama de ser uma de suas obras mais conhecidas, diz-se que Botticelli era tão pobre na velhice que teria morrido de fome se não fosse a ajuda de amigos endinheirados, como Lourenço de Médici. Eu me aproximei da pintura com cautela, temendo, como de hábito, que tivesse entrado em alguma área fora dos limites. Mas nenhum alarme soou, e ninguém chegou apressado para me advertir a me afastar. Eu estava sozinha com uma das mulheres mais famosas do mundo.

Quisera eu pudesse dizer que, ao me pôr aos pés de Vênus naquela manhã, permiti aos olhos e à mente vagar lentamente sobre as ondulações do mar verde-azulado sobre o qual ela flutuava, as rosas cor-de-rosa tombando ao vento, as longas madeixas, as dobras do manto prestes a ser disposto sobre seus ombros nus. Em vez disso, pus meu iPhone entre nós duas e comecei a tirar fotos.

É raro, aparentemente impossível, ter a oportunidade de ver uma obra-prima nessas condições. Em geral, você não pode observar tanto Vênus, ou a *Mona Lisa*, sem ver também a parte de trás da cabeça de alguém ou sem ouvir um guia em áudio saindo do fone de um estranho. Eu não estava num museu pequeno, como o Horne. A Uffizi é notória por suas filas compridas, galerias congestionadas e batedores de carteira. E ali estava eu, sozinha com Vênus, tirando foto após foto como um *paparazzo*. Quando percebi o que estava fazendo era tarde demais – passos soaram no corredor. Eu recebera o presente da privacidade, do *silenzio*, num dos lugares mais magníficentes e improváveis. E o desperdicei.

O que eu estava tentando alcançar? Susan Sontag escreveu que as fotografias são uma maneira de aprisionar a realidade, de torná-la "um prêmio exótico a ser perseguido e capturado pelo diligente caçador com uma câmera".

Às vezes, o caçador é desajeitado. Em 2017, quando uma mulher que visitava uma exposição na Factory, em Los Angeles, tentava fazer um selfie, caiu sobre uma instalação e arruinou 200 mil dólares em obra de arte. (Muita gente também já se feriu, algumas de maneira fatal, enquanto estava absorvida em fazer a foto perfeita. Em 2016, pesquisadores constataram que, desde março de 2014, 127 pessoas haviam morrido quando tentavam fazer selfies.) Mas mesmo em 1977, antes da era do Instagram, Sontag observou que a câmera era uma muleta para o viajante, que fazia com que ter uma experiência fosse "idêntico a tirar uma fotografia dela".

Ao tentar guardar um momento para sempre, eu negara a mim mesma a imediação da experiência da pintura, bem como a galeria quieta. E, como mais tarde eu aprenderia, esse é o tipo de coisa que pode afetar não apenas o momento, mas também a memória do momento. Linda A. Henkel, uma professora de psicologia da Fairfield University, em Connecticut, chama isso de "efeito da deficiência ao tirar foto". Em seus experimentos, os participantes fizeram uma visita guiada a um museu que abrigava pinturas, esculturas, cerâmicas, ferramentas, joias e mosaicos. Os participantes foram solicitados a simplesmente observar alguns objetos e a fotografar outros. As descobertas de Henkel, publicadas na *Psychological Science*, revelaram que fotografar objetos em sua totalidade diminuía a memória que as pessoas tinham deles. Os participantes que fizeram isso – em oposição a apenas observar as obras – lembraram-se de menos objetos e de menos detalhes sobre estes. Eles confiaram na câmera, disse Henkel, "para se 'lembrar' deles".

Houve, porém, uma exceção nessa descoberta. Quando os participantes aplicaram zum para fotografar uma parte específica de um objeto, como os pés de uma estátua ou o céu de uma pintura, a memória foi retida. A atenção extra e o pensamento envolvido em focar e aplicar o zum em parte do objeto eliminaram o efeito de deficiência.

Estudos que exploram como tirar fotografia afeta ou não a memória têm tido resultados aparentemente conflitantes. Pesquisas subsequentes publicadas em 2017 na *Psychological Science* verificaram que tirar fotos ajudava a memória visual, mas prejudicava a memória auditiva. Depois de realizarem quatro estudos, professores da Stern School of Business, da Universidade de Nova York; da Marshall School of Business, da Universidade do Sul da Califórnia; da Wharton School, da Universidade da Pensilvânia; e da Yale School of Management concluíram que "mesmo quando as pessoas não tiram uma foto de um objeto em particular, como uma escultura, mas têm uma câmera com elas e a intenção de tirar fotos, elas se lembram da escultura melhor do que as pessoas que não tinham uma câmera com elas".

Quaisquer que sejam as descobertas das mais recentes pesquisas, poucos de nós vão parar de tirar fotos, mesmo aqueles que não estão interessados em postar minuto a minuto relatos de suas viagens nas redes sociais. Ao se compor uma foto, há prazer no processo de ver de maneira diferente. "Quando estou sozinha com minha câmera... é como se estivesse num espaço meu, num mundo reservado", disse Patti Smith numa entrevista para *Camera Solo*, o catálogo que acompanhava uma exposição de suas fotografias no Wadsworth Atheneum Museum of Art, em Hartford, Connecticut. Quando viajo, gosto de fotografar companheiros viajantes solitários. Há algo de alegre na mulher sentada num muro ao longo do Arno, rabiscando um bloco de anotações; no homem deitado de bruços num banco, com um livro, no jardim do Museu Rodin em Paris; na mulher tomando banho de sol ao lado do Sena.

Mas, para muitos de nós, nossas câmeras são também nossos telefones. E é aí que podemos esbarrar em problemas, porque um smartphone pode muito facilmente minar o ato de saborear. "Se você está fazendo isso", como disse Fran Lebowitz enquanto mexia os polegares como se estivesse enviando uma mensagem de texto, no documentário de Martin Scorsese *Public Speaking*, "é *aí* que você está."

De acordo com um estudo, o adulto médio checa seu telefone trinta vezes por dia, enquanto o indivíduo da geração do milênio checa o seu mais de 150 vezes por dia. Mal posso suportar manter meu telefone dentro de uma bolsa pendurada no ombro. Posso querer saber a direção, encontrar um café, ouvir um podcast ou responder às mensagens de meu editor. Reconheço que às vezes uso o telefone para fazer anotações enquanto estou caminhando, juntando-me à categoria dos chamados zumbis de smartphone.

Não surpreende que pessoas no mundo estejam tirando períodos sabáticos de internet, desligando seus aparelhos para retornar a si mesmas. Nos Estados Unidos, o Reboot, um grupo inspirado em tradições judaicas, organiza o "Dia Nacional de Desplugar", sem telefone. Hotéis tão diversos quanto o Renaissance Pittsburgh e o Mandarin Oriental já ofereceram, em um momento ou outro, "férias para detox digital" que incentivavam os hóspedes a entregar seus smartphones. A Intrepid Travel, uma empresa de turismo em grupo com sede em Melbourne, Austrália, ofereceu viagens com detox digital – "saídas exclusivas em que não haverá nenhuma mídia social e nenhum telefone celular. De verdade" – a lugares como Marrocos e Índia. A Forever Resorts, que oferece aluguel de casas flutuantes em lagos e parques nacionais dos Estados Unidos, realizou uma "cerimônia de desplugar" durante a qual os hóspedes se reuniram em torno de um cofre para trancar seus celulares. A Marriott and Renaissance Caribbean & Mexico Resorts estabeleceu o que chamou de "Braincation", zonas sem tecnologia em nove propriedades do Caribe e do México.

Em 2017, um país inteiro tomou uma atitude quando a França introduziu a lei do "direito de desconectar" que dá aos trabalhadores o direito legal de ignorar e-mails do trabalho quando eles não estão em horário de trabalho. Mensagens e e-mails "colonizam a vida do indivíduo a ponto de ele acabar pifando", como afirmou Benoît Hamon, ex-ministro da Educação francês.

Até mesmo alguns designers da tecnologia estão desligando notificações em seus smartphones e usando bloqueadores de internet e de aplicativos, como o Freedom, para recuperar seu tempo (mais sobre isso na seção Dicas e Ferramentas deste livro). Por exemplo, Tristan Harris, ex-especialista em ética de design da Google, criou o Center for Humane Technology, que defende e incentiva a criação de tecnologias que não desviem e viciem.

Quando eu e meu iPhone estávamos entrando na Sala de Michelangelo e dos Pintores Florentinos carmesim, uma família estava saindo. Eu me vi sozinha novamente, dessa vez com uma estátua de Cleópatra reclinada e com a Sagrada Família da vibrante pintura sobre painel *Doni Tondo*. A Uffizi naquela manhã de outono parecia existir apenas para mim. Um guarda estava sentado numa cadeira, cabeça inclinada para trás contra a parede, cochilando enquanto eu andava pela sala neoclássica dourada rodeada de estátuas de mármore que contam a história do mito de Níobe, uma nobre que se gabou de ter mais filhos do que Latona, a mãe de Apolo e Ártemis. (As coisas não foram bem para Níobe depois disso; seus muitos filhos e filhas foram mortos.)

Sozinha com Vênus

No terraço no topo da Uffizi, onde os visitantes podem olhar de cima a cidade e as ameias do Palazzo Vecchio, só havia duas pessoas, e elas estavam sentadas num banco em silêncio. Uma coisa é se ver sozinho de vez em quando, digamos, no Bargello, na sala das majólicas, ou mesmo na Capela de Maria Madalena, com o crucifixo atribuído a Michelangelo. Ou, depois de esperar os grupos de turistas passarem, dentro da silenciosa Badia Fiorentina. Mas aquela manhã na Uffizi foi extraordinária.

Ninguém estava em frente aos Bronzino. Numa sala próxima, caminhei diretamente para *A anunciação* e *O batismo de Cristo*, de Da Vinci. Em seguida, eu estava cara a cara com a Medusa, o escudo de desfile de Caravaggio que inspirou a *Medusa Marinara* de Vik Muniz, 1999. O escudo era decorado com a cabeça dela decepada, boquiaberta, serpentes retorcidas no lugar do cabelo, sangue jorrando do pescoço. Ora, *essa* era uma Medusa formidável.

Havia mais sangue ali perto, na *Judite decapitando Holofernes*, de Artemisia Gentileschi, e em outro Caravaggio, *O sacrifício de Isaac*. Era um pouco demais para uma manhã de sábado. Preferi o romance de outra Vênus, a *Vênus de Urbino*, de Ticiano, um voluptuoso nu reclinado num divã com lençóis brancos, a mão preguiçosamente repousada sobre o V entre as pernas.

Nós duas também estávamos sozinhas. Por tanto tempo quanto ousei fitá-la, ela me fitou de volta, "desavergonhada", como dizia o texto ao lado da pintura, com sua nudez luminosa, a curva branca de sua barriga; ela mesma.

CONHECIMENTO

O corredor secreto

Educando a si mesmo

Você não pode ter nenhum domínio maior ou menor do que aquele sobre si mesmo.
— Leonardo da Vinci, The Notebooks of Leonardo da Vinci

Numa de suas extremidades, o corredor começa atrás de portas trancadas nas paredes da Uffizi e faz um zigue-zague para atravessar a Ponte Vecchio, sobre o Arno, chegar ao topo da igreja de Santa Felicita e entrar no Palácio Pitti, a cerca de 800 metros de distância. Foi construído nos anos 1500 para Francisco I de Médici e Joana de Áustria, permitindo aos Médici caminhar com privacidade e segurança entre seus gabinetes e a Uffizi, e entre seu palácio e os Jardins de Boboli. (Segurança era uma preocupação legítima: em 1478, membros da família Pazzi conspiraram para pôr fim ao regime dos Médici matando os irmãos Lourenço e Juliano durante uma missa, de acordo com o relato de Maquiavel; Juliano não sobreviveu.)

Os contornos do corredor, com suas janelas pequenas, gradeadas, podem ser vistos da Ponte Vecchio, sobre as pequenas lojas ocre agarradas a esta como cracas. Das janelas você pode observar turistas sobre a velha ponte, comprando luvas e ouro, alheios ao seu olhar sobre eles enquanto fazem selfies junto ao Arno. Isso é conveniente: as paredes do corredor escondido são repletas de autorretratos da coleção da Uffizi, alguns dos mais antigos do mundo.

O corredor tem o nome de seu criador, Giorgio Vasari, que está longe de ser um nome familiar, embora ele tenha projetado, ou ajudado a projetar, algumas das igrejas e palácios mais icônicos de Florença. Quase todo livro sobre arte renascentista, ou quase todo bloco de texto de parede em museu de Florença, inclui seu nome. "Vasari nos conta a história", começa o texto ao lado da tumba de Donatello. "Um fato mencionado por Vasari", lê-se numa placa no Bargello sobre a descoberta de um retrato de Dante feito por Giotto. "De acordo com Vasari", diz outra na Sala de Leitura da Biblioteca Medicea Laurenziana. A cidade é tão cheia de referências a Vasari que, assim como com as esfinges de Paris, um viajante pode fazer um jogo de contar quantas vezes seu nome é encontrado no curso de um dia.

A ubiquidade do nome de Vasari se deve bastante ao fato de ele ter escrito *Vidas dos artistas*, a fonte de grande parte da história da arte do período (às vezes embelezada e inadvertidamente incorreta). Se houvesse blogs em sua época, Vasari teria sido aquele de leitura obrigatória, postando sobre invejas (como a irritação de Donatello com a crítica de Brunelleschi a seu Cristo esculpido) e rivalidades (Da Vinci versus Michelangelo!) de seu tempo. Ele faria postagens regulares sobre as travessuras de Botticeli (certa vez, Botticeli alterou uma pintura para levar um aprendiz a pensar que estava vendo coisas que não estavam ali) e uma exclusiva sobre um incidente em que o ourives Francesco Francia foi apresentado a uma estátua de Júlio, por Michelangelo, e começou a elogiar a fundição do bronze, e não a habilidade do artista. Michelangelo foi sarcástico: "Devo tanto ao papa Júlio, que me deu o bronze, quanto você deve aos químicos que lhe dão as cores para você pintar." Michelangelo concluiu, conta-nos Vasari, chamando Francia de tolo.

A própria obra de Vasari pode ser vista nos lugares mais populares de Florença. Sua mão esteve em detalhes das igrejas de Santa Croce, Santa Maria Novella, San Lorenzo e Ognissanti. Ele trabalhou nas grutas dos Jardins de Boboli, ajudou a concluir a Biblioteca Medicea Laurenziana e projetou a tumba de Michelangelo, bem como um pequeno prédio conhecido como Uffizi.

Em 1966, durante uma das piores enchentes da história de Florença, centenas de obras magistrais do Renascimento e coleções de bibliotecas submergiram. *A última ceia*, de Vasari, ficou embaixo d'água por mais de doze horas, e foi preciso meio século para finalmente estar restaurada e ser reinstalada em Santa Croce. Paula Deitz, editora da *Hudson Review*, chamou isso de "o principal evento" das comemorações do aniversário da cidade em 2016. Durante a enchente, ela estava em Florença com seu futuro marido, o editor e poeta Frederick Morgan, e cinquenta anos depois escreveu que a pintura de Vasari sobre cinco painéis era a "última, mais complexa e seriamente danificada obra-prima da enchente a ser restaurada".

Essa história e muitas histórias estão entre as coisas que li nas horas suaves que antecederam minha viagem, e nos meses seguintes. Olhei mapas, fotos e pinturas de Raphael, Caravaggio e Botticelli, que, aprendi, pintou outras versões de sua Vênus de cabelo castanho-avermelhado em que ela estava sozinha, desacompanhada de ventos ou Graças. Li em carta de Horace Walpole sobre a cunhagem da palavra "serendipidade" que ele recebera um retrato da grã-duquesa Bianca Capello – pintado por Vasari. E, é claro, li Vasari. Li Maquiavel, Dante e Da Vinci também, dando a mim mesma a aula de história da arte que eu sempre quisera ter.

O próprio Da Vinci foi em grande parte autodidata. Dê uma olhada em seus cadernos de anotações e você verá que ele trouxe um espírito de investigação e polinização cruzada para a vida diária, em observações e instruções sobre pintura, geografia, zoologia, anatomia e astronomia. (Seus cadernos estão disponíveis gratuitamente on-line, incluídos em Gutenberg.org, e podem ser usados como modelo para você criar seus próprios cadernos sobre quaisquer que sejam os tópicos que lhe interessam.)

Além dos pensamentos sobre quando e onde estudar, e sobre como praticar e aprender, Da Vinci escreveu notas para si mesmo sobre uma variedade impressionante de assuntos que ele queria entender: "Aprenda a trabalhar cores de carne em têmpera", dizia uma delas. "Aprenda a aplanar e quanta terra um homem pode escavar em um dia", dizia outra. Talvez seu modo de pensar seja melhor resumido pelo título de um de seus cadernos: "Como se pode aprender alguma coisa em todos os lugares."

Embora uma certa porção de nossa felicidade seja predeterminada geneticamente, alguma medida dela está dentro de nosso controle, e uma das coisas que podemos fazer para maximizar essa medida, constatou Sorja Lyubomirsky, é "aprender até o dia de morrer".

Aprender coisas novas anda de mãos dadas com o que psicólogos positivos chamam de engajamento, um elemento de bem-estar que acaba levando ao fluxo, conceito criado pelo psicólogo Mihaly Csikszentmihalyi. O fluxo envolve aquela sensação de absorção total em uma atividade como pintar ou tocar música, o sentimento de que o "tempo do relógio" desapareceu. Você está na zona e nada mais – sono, comida, dores no corpo – pode desviar seu foco. Csikszentmihalyi chegou a essa conclusão depois de ele e seus colegas passarem anos entrevistando todo tipo de pessoa criativa, incluindo pintores, cientistas e montanhistas. O círculo de Beethoven tinha sua própria palavra para a experiência de fluxo do compositor: "rapto". Em sua biografia do compositor, Jan Swafford descreve o rapto como retirar-se para um transe profundo. "Sozinho em recintos, sozinho na natureza, sozinho em seu rapto, Beethoven era mais feliz e sempre seria."

O aprendizado é parte da alegria de viajar. Aprender sobre o Corredor Vasariano, por exemplo, foi fácil e com preço acessível. Obter acesso a este foi mais difícil. Você não podia simplesmente aparecer e ir em seu próprio ritmo; tinha que participar de uma visita em grupo. A Uffizi oferecia um número limitado de ingressos (não incluído o preço da entrada para o museu), mas mesmo semanas antes de minha viagem as visitas estavam esgotadas. E então acabei comprando um ingresso de 75 dólares por meio do Viator.com, que oferecia visitas em grupo com guias locais mundo afora. (Nota: O processo de visitar o Corredor Vasariano, e mesmo a arte exibida ali dentro, pode variar. O diretor da Uffizi propôs reformar o corredor, abrindo-o a um número maior de visitantes e mudando algumas de suas pinturas para outros lugares. A Uffizi está passando por reformas em outras áreas também – já reorganizou as salas de Botticelli – para ajudar a aliviar a superlotação. E reservas mais fáceis estão sendo feitas diretamente através do museu, pela internet.)

O grupo de minha visita foi instruído a se encontrar numa rua lateral do lado de fora da Uffizi. A maioria de nós se reunira cedo e se registrara junto a organizadores que portavam pranchetas. Metade de nós entraria primeiro no corredor, e a outra metade iria em seguida. Estávamos parados na rua, esperando para começar, quando algumas mulheres chegaram e disseram a um dos organizadores que um membro do grupo delas estava atrasado. O resto de nós poderia esperar?, perguntaram. Por motivos que não ficaram claros, o organizador perguntou então se algum de nós que estivesse viajando sozinho se disporia a se juntar ao grupo que partiria mais tarde.

Eu havia marcado de me encontrar com John, um amigo e companheiro *flâneur* que estava trabalhando para o *New York Times* em Londres, para almoçarmos imediatamente após a visita numa *piazza* próxima.

Antes de viajar pela primeira vez sozinha, viajei com John. Foi com ele que treinei para viagens solo. Afinal de contas, não necessariamente nascemos sabendo viajar sozinhos. E John era alguém com *savoir vivre*, que viajava bastante sozinho a trabalho e por prazer, o tempo todo usando pontos e milhas para ter acesso à classe executiva, a salas de espera em aeroportos e a hotéis melhores. Nós nos conhecemos no *Times*, antes de ele se tornar editor de uma seção sobre viagem chamada "Escapes".

Quando você está sozinho, disse John, não há ansiedade de desempenho para fazer todo mundo no grupo feliz. Por exemplo, quando estava em Osaka, ele decidiu comer *katsu* num balcão, em vez de esperar uma mesa – algo que não teria feito se estivesse entretendo outras pessoas. Sozinho, ele podia tomar decisões no último minuto sobre como passar a tarde, ou simplesmente abandonar um museu se a exposição não o cativasse. "A palavra definidora", disse ele, "é 'liberdade'."

No caso da visita ao Corredor Vasariano, eu não tinha liberdade de tempo. A visita já estava atrasada, o que significava que se eu me oferecesse para trocar de grupo deixaria John esperando na *piazza* ainda mais tempo do que ele já teria que esperar.

Ser solicitado a mudar de assento ou de grupo é um terreno conhecido por quem viaja sozinho. Existe todo tipo de motivo pelo qual viajantes, sozinhos ou não, desejam certos assentos. Pode ser que tenhamos uma conexão apertada, de modo que um lugar perto da saída seja crucial. Pode ser que tenhamos uma reunião de negócios e saibamos que um assento específico nos dará uma chance melhor de tirar um cochilo. Pode ser que fiquemos ansiosos ao voar e achemos um lugar menos estressante do que outro. Pode ser que tenhamos limitações mentais ou físicas; nem todas as deficiências são visíveis. Talvez nós simplesmente gostemos de olhar pela janela. Para alguns viajantes, a vista a dez mil metros de altura é um dos grandes prazeres românticos da vida, e uma parte valorizada das férias tiradas uma vez por ano.

A maioria das pessoas quer ser prestativa. Uma pesquisa sobre etiqueta a bordo de avião feita pelo Travel Leaders Group, uma das maiores agências de viagem tradicionais dos Estados Unidos, perguntou a viajantes: "Se você estivesse voando sozinho e um casal ou uma família lhe pedisse para trocar de assento para eles poderem se sentar juntos, o que você faria?" A maioria disse que mudaria. Se eles realmente fariam isso é outra questão – as boas intenções das pessoas não necessariamente correspondem às suas ações – mas vamos acreditar em suas palavras. A segunda resposta mais popular foi que eles mudariam, mas só se o novo assento não fosse um assento no meio.

Sem encontrar nenhum voluntário disposto, o organizador da visita anunciou que era hora de ir.

Fomos conduzidos a um saguão na Uffizi em frente a duas portas de madeira altas com barras de empurrar vermelhas e uma caixa sugerindo tratar-se de uma saída de emergência. A maioria dos visitantes, inclusive eu, teria passado direto por elas. Um homem de terno e gravata se postou em frente à porta enquanto nosso guia, um professor, entregou-nos aparelhos com fones de ouvido. Depois de nos atrapalharmos com fios e esperarmos mais um pouco, o homem de terno começou a destrancar as portas. Pessoas ergueram seus smartphones para filmar a revelação como se tivéssemos acabado de ouvir os acordes iniciais de um show de rock.

Quando as portas se abriram, pude ver, para além delas, uma escada banal para baixo e um teto curvo com animais imaginários pintados. Ajustei o volume do aparelho em meu ouvido. Um guarda veio em nossa direção e avançamos, entrando na boca do túnel, entre as paredes da Uffizi, as portas se fechando atrás de nós.

"Permaneçam no centro", advertiu um guarda.

Se alguém se aproximava um pouco demais de um retrato ou se demorava demais em um lugar, ele o repreendia em italiano, descruzando os braços apenas por tempo suficiente para agitá-los, dando à visita um clima de excursão de turma do quinto ano primário. Quando o guarda não estava fazendo essas coisas, estava batendo o dedo na tela de seu smartphone ou abraçando a si mesmo, como se sentisse um frio perpétuo.

Os corredores eram repletos de molduras douradas. Centenas de olhos observavam nas paredes, em retratos de Andrea del Sarto, Giovanni Domenico Ferretti, Marc Chagall e artistas mulheres ausentes nas principais salas da Uffizi. Aqui, Thérèse Schwartze. Ali, Rosalba Carriera.

De vez em quando, o guarda levantava os olhos de seu telefone por tempo suficiente para nos lembrar de continuar em frente. Outro grupo de visitantes estava atrás de nós, e mais um estava alguns metros à frente. Éramos como carros alegóricos num desfile, cada qual com seu próprio inspetor vigiando. Acompanhamos o professor – que tinha os cachos espessos de *Davi* de Michelangelo e vestia jeans, um blazer e um lenço amarrado no pescoço com franjas na ponta – atravessando a Ponte Vecchio. Janelas redondas, gradeadas, ofereciam vistas de cartão-postal para o Arno, os telhados terracota da cidade e velhos prédios amarelos com venezianas azul-claras.

Depois de atravessar o rio, o corredor corre pelo topo da igreja de Santa Felicita, onde um compartimento privado oposto ao altar permitia aos Médici assistir à missa bem acima dos fiéis.

Se você tivesse sorte, e se seu guarda estivesse se sentindo caridoso, no fim do corredor poderia receber autorização para subir o lance de escadas e passar alguns minutos – não mais que isso – numa sala secreta. De maneira inacreditável, nosso guarda nos permitiu fazer isso.

O som de nossos sapatos sobre os degraus ecoou pelos corredores. A sala em si era pequena, branca e repleta de autorretratos que poderiam ter seu lugar num museu de arte moderna. À direita estava *Self Portrait – Submerged*, 2013, do videoartista Bill Viola, que estava embaixo d'água, com uma camisa de botão azul, a pele aparentemente se movendo enquanto a água balançava seu corpo. Na parede oposta, juntamente com obras de

Vanessa Beecroft e Yayoi Kusama, estava o "autorretrato" em palavras de Jenny Holzer, 1981. Letras maiúsculas sobre um fundo quadrangular branco diziam:

> SOME DAYS YOU WAKE AND
> IMMEDIATELY START TO WORRY.
> NOTHING IN PARTICULAR IS WRONG,
> IT'S JUST THE SUSPICION THAT
> FORCES ARE ALIGNING QUIETLY
> AND THERE WILL BE TROUBLE.*

Nem bem havíamos ocupado a sala e a guarda começou a nos conduzir para fora, passando por uma instalação de um homem subindo uma escada para o teto. Eu não tivera a chance de olhar as outras obras quando fomos arrebanhados de volta em direção aos degraus, descendo mais um lance de escada em algum lugar entre as paredes do Palácio Pitti, passando por portas de madeira arqueadas que pareciam ter sido projetadas para a casa de um Smurf e em seguida – *puf!* – entrando nos Jardins de Boboli, ao lado de uma parede alta do palácio coberta de videiras e limões. O céu estava extremamente azul, como o Buda na janela da rue de la Parcheminerie.

À minha esquerda estava o sobrenatural Grotta del Buontalenti, cor-de-rosa e verde, gotejando estalactites e estalagmites. O guia em meu ouvido explicou: "Essas são pedras feitas de esponjas." Em seguida ele começou a descrever as esculturas dentro

---

* Certos dias você acorda e/começa imediatamente a se preocupar/nada em particular está errado,/é só a suspeita de que/forças estão se alinhando silenciosamente/e haverá problema. (N. do T.)

da gruta, incluindo *Vênus saindo do banho*, de Giambologna. Mas, apesar da estranha beleza da gruta, não consegui manter os olhos na fonte porque algo estava acontecendo no céu.

Retirei o aparelho do ouvido. Eu não tinha a menor ideia do que estava olhando. Bolhas coloridas estavam não apenas flutuando, mas pairando acima de nós, mudando de forma como líquido em lâmpada de lava. Talvez eu tivesse ficado tempo demais no Corredor Vasariano. Talvez fosse a Síndrome de Stendhal. Alguém disse "balões", e como nenhuma explicação fazia sentido, decidi que eram, de fato, balões. Permaneci sob o sol de outubro, esticando o pescoço, observando-os desaparecer ao entrar na estratosfera, perguntando-me de que comemoração haviam saído cedo.

Quando eles subiram alto demais para ser vistos, devolvi o audioguia ao professor e agradeci a ele. Se a visita no fim das contas não foi tão reveladora quanto eu esperava, eu passara semanas animada antecipando que seria – e isso, como diria Elizabeth Dunn, já era um ganho de alegria.

Parti ao encontro de John para o almoço, deixando o grupo para trás enquanto seguia por um caminho amplo, curvo, entre postes de luz, passando por palmeiras, em direção ao obelisco egípcio e à Limonaia, onde as árvores cítricas invernam. Perto de uma aleia dos ciprestes, parei junto a uma fonte de água com um deleite escondido em sua taça de cobre: duas pequenas esculturas do que pareciam ser caveiras, uma de frente para a outra como pintinhos num ninho, a água espirrando e murmurando entre elas.

Caminhei em direção ao som da água corrente, até a gruta de Adão e Eva. O casal parecia cansado: rostos abatidos, corpos de alabastro salpicados de sujeira. A gruta era decorada com mosaicos de vieiras e seixos em forma de âncoras, cordas e um tridente.

Nas paredes de trás, brotava musgo na boca aberta de uma gárgula de cabelo desgrenhado.

Num laguinho aos pés de Adão e Eva, carpas alaranjadas nadavam para frente e para trás, fazendo-me lembrar dos peixes na água preta da Cisterna da Basílica em Istambul. Fiquei observando-as, ouvindo contente o som da água caindo, até que mais uma vez ouvi passos se aproximando. Virei-me para sair, meus tênis de lona triturando o caminho de cascalhos em direção ao portão e à colina que leva de volta ao centro da cidade.

⁂

No outono, à noite, o vento frio voa pelas ruas. O Arno é preto, e de repente você percebe como são baixos os muros ao longo das pontes. O vento atravessa sua jaqueta, entra em seus ossos, enquanto você está caminhando de volta ao hotel depois de ver *La Traviata*, de Verdi, na Saint Mark's English Church, ou depois de um Bloody Mary no bar da St. Regis. Você ouve o eco de seus passos sobre as pedras do calçamento. Assim como qualquer pessoa pode ouvir no escuro.

Você caminha, sem saber ao certo se sua intranquilidade é uma intuição ou um perigo de verdade, ou se sua mente está apenas processando uma fantasia *noire*. Estar sozinho pode facilmente se tornar claro-escuro, uma interação de luz e escuridão. Uma noite você está caminhando sozinho e imaginando levar uma pancada na cabeça e ser jogado no Arno juntamente com frades dominicanos do século XV e as obras iniciais de Rauschenberg. Outra noite você caminha despreocupado pelas sombras.

O corredor secreto

Em minha última noite na cidade, fui caminhar sem nenhum destino particular em mente. As pessoas pareciam inquietas, zanzando pelas ruas tortas e mal iluminadas com casacos e cachecóis, procurando alguma coisa para fazer. Em um ponto ou outro, sob poças de uma luz sinistra e desfavorável, turistas estavam tentando comprar luvas de couro antes de as lojas fecharem. Estudantes estavam se embebedando. Amantes inebriados estavam se abraçando na Ponte Vecchio, fitando as graciosas cordas das pontes sob uma lua quase cheia.

Perto de meu hotel, na calçada em frente à La Rinascente, a loja de departamentos que tira seu nome da palavra italiana para "renascimento", uma mulher estava sendo detida por furto na loja. Pode ser que chegue um momento durante uma viagem solo, não importa o quanto ela possa ser fabulosa, em que o ar escapa. A noite parece longa. A *piazza* de pedras, onde você começou o dia numa ensolarada mesa na calçada, com ovos e trufas, perde seu charme. As butiques bonitas não conseguem animá-lo, mesmo que você esteja comprando algo para alguém que ama.

Um sábio amigo certa vez me disse que quando você está triste, o que está experimentando é o mau tempo, e não o clima. E o mau tempo, observou ele, é passageiro. Decidi esperar esse momento específico passar com um porquinho chamado Porcellino, a escultura de bronze na Piazza del Mercato Nuovo.

"Porquinho" sugere que o objeto é bonitinho. Não é. A fera é tão magra quanto um Labrador e tem o rosto tão comprido quanto o de uma cabra. E, tecnicamente, é um javali. O pelo sobre sua pele forma uma franja que vai da espinha dorsal ao topo da cabeça. De cada lado da boca, da qual pinga água, dentes tortos se curvam para cima como chifres. Esculpidas na base em torno das patas pontudas do javali, resvalam criaturas da lama e da água: lesmas, um caranguejo, um sapo, uma cobra, uma salamandra, uma tartaruga.

À noite, o javali tem um brilho verde doentio, à exceção do focinho comprido, que adquiriu um lustro de tanto as pessoas o tocarem para ter boa sorte, embora o processo para obter a referida sorte seja, na verdade, um pouco mais complicado do que isso: depois de esfregar o focinho, você precisa pôr uma moeda na boca molhada do javali e fazê-la cair numa grade que existe em meio à água corrente.

Isso parece mais fácil do que é. Em primeiro lugar, o javali é popular, com frequência rodeado de espectadores alegres. E como não há uma fila formal, é cada fazedor de pedido por si. Em me apoderei de um espaço, empurrei uma moeda dentro da boca de Porcellino e esperei.

Ela não caiu.

Enfiei minha mão mais fundo na boca fria e molhada do porco, meus dedos tateando embaixo d'água à procura da grade, sem dúvida coberta por algum antigo fungo florentino. É claro que quanto mais ansioso você fica ao fazer isso, menor a possibilidade de ser bem-sucedido, mas eu não estava disposta a me retirar derrotada e disputar para ter uma chance de fazer aquilo tudo de novo. Apalpei às cegas, molhando a manga de minha jaqueta de couro, meus olhos sobre a boca do javali, até que – *plop!* – a moeda caiu.

"Muito bem", disse um espectador em italiano.

Pelo menos foi o que eu quis acreditar que ele disse, assim como quis acreditar que a moeda aterrissou onde quer que devesse aterrissar para assegurar o que quer que devesse assegurar. Meses depois, li que uma maneira de fazer a moeda cair facilmente pela grade de Il Porcellino é usar uma moeda pesada. Talvez você receba pelo que paga.

Voltei para o Savoy, passando por caixas com bolsas de couro e casacos de moletom coloridos da Università Firenze sendo vendidos por homens de tênis sob luzes fortes. Passei por algumas placas de Entrada Proibida de Clet Abraham, incluindo uma que mostrava um bonequinho destruindo uma guitarra, no estilo astro de rock, sobre a barra branca. Passei por crianças de casaco de moletom com capuz montadas em cavalos de um carrossel, suas pequenas lâmpadas como estrelas, as únicas luzes num quadrado preto.

Minha jaqueta ainda estava úmida quando retornei ao quarto do hotel. Tirei minhas botas, fechei as venezianas das janelas e subi na cama.

Na manhã seguinte, horas antes de meu voo de volta, acordei com um suave e encantador coro de sinos de igrejas – sorte, no fim das contas.

Saí do Savoy e atravessei a Piazza della Repubblica para uma caminhada final. As ruas haviam sido regadas. A Piazza dela Signoria estava vazia: ninguém estava fotografando Netuno, e a cópia do *Davi* de Michelangelo estava sozinha. As montanhas estavam suaves e azuis a distância.

Andei até a Basílica de Santa Croce e a Capela Pazzi, um espaço parco, sereno, o que o diferencia de tantos outros na cidade. Projetada por Brunelleschi para a família de banqueiros florentina que tentou derrubar os Médici, a capela tem sobre o altar uma cúpula azul com um afresco de signos do zodíaco. Medalhões terracota esmaltados mostram os evangelistas, incluindo são Marcos com um leão e São João com um pássaro preto. Mas, em sua maior parte, a capela é branca e cinza-clara. O domo em guarda-chuva não tem adornos. Mary McCarthy a chamou de "sabá de quietude". E naquele dia de outono, era.

As portas estavam abertas para a manhã e para o pátio mais além. Todas as cidades têm suas horas de silêncio. Mesmo, pelo que se vê, Florença.

Ergui meu iPhone para o teto abobadado a fim de tirar uma foto da parte inferior do domo e, enquanto esperava sob a luz suave a lente focar, um pássaro se lançou do nada e atravessou a capela. Por um instante, pensei que o teto começara a se mover – que o pássaro preto de São João ganhara vida.

Paralisei de espanto. Em questão de segundos, o pássaro se fora, mas despertara a lembrança de minha manhã com Vênus. Pus o telefone na bolsa e permaneci quieta, e em silêncio contemplei o afresco, meus dias na cidade e tudo o que aprendera – sobre arte, história, arquitetura – nas horas que tive para mim mesma.

Nessa última manhã, era cedo o bastante para caminhar até a ponte Santa Trinita e não encontrar ninguém além do homem com paus de selfie, que àquela hora do dia estava sentado numa faixa de sol e sequer se incomodou em tentar me vender um pau.

Um caiaque cortou o Arno. Atravessei o rio a partir da figura de *Primavera* com uma rachadura no pescoço, até alcançar *Outono*, a estátua de Giovanni Caccini de um homem erguendo cachos de uvas rechonchudas para o céu azul. Mas foi o mais longe a que cheguei. Eu tinha um avião para pegar.

Em algumas horas estaria de volta à minha cidade. Ainda haveria abóboras nas varandas das casas, mas não por muito tempo. Logo haveria grinaldas nas portas e sempre-vivas cintilando nas janelas. E certa manhã as pessoas olhariam para fora e veriam aquela primeira e maravilhosa neve da estação polvilhando as calçadas de Nova York e fazendo os dias outonais de Florença parecerem distantes.

Antes de atravessar a ponte de volta em direção ao Savoy, parei aos pés nus de uma escultura de mármore de Taddeo Landini. Era um homem aconchegado a si mesmo, parecendo tão frio quanto a pedra na qual ele fora cortado: *Inverno*.

PARTE IV

Inverno

Nova York

LAR

A cidade

Em missão

Objetos que geralmente são os motivos de nossas viagens por terra e por mar com frequência são ignorados e negligenciados quando estão embaixo de nossos olhos.

— Plínio, o Jovem

Morei em Nova York minha vida inteira, os últimos dezoito anos em Manhattan – "A Cidade", como a chamávamos aqueles de nós que passamos pelo menos parte de nossa infância nos subúrbios. Não precisávamos dizer seu nome. Só havia uma.

Só havia uma Manhattan, assim como só há um Chrysler Building, um Apollo Theater, uma Metropolitan Opera House. Manhattan era onde Walt Whitman passeava pelo Battery. Era onde Houdini escapava de um cubículo no East River; é onde Patti Smith ainda canta. Manhattan é o cara vendendo banana na esquina; crianças brincando de esconde-esconde num templo egípcio que fica para além da parede de vidro inclinada do Metropolitan Museum of Art.

Minhas primeiras impressões de Manhattan foram vistas através de uma janela no banco de trás do carro da família quando saíamos de Long Island para ver uma peça ou um musical. Eu me arrumava bem. Queria que as pessoas da cidade pensassem que eu morava ali também, com as luzes, os táxis amarelos, os edifícios tão altos que eu não conseguia ver seus topos mesmo quando pressionava a testa contra a janela enquanto seguíamos de carro em direção ao Queens-Midtown Tunnel depois do espetáculo. No escuro, eu adormecia ao ritmo da estrada, o zunido suave dos carros passando, e quando abria os olhos estávamos na entrada de casa, ao lado da cerejeira chorona, sob as estrelas. A noite podia ter sido um sonho. Mas então eu olhava para baixo e via uma *Playbill*.

Talvez não seja uma surpresa, portanto, que meu primeiro trabalho na cidade tenha sido com Don Frantz, um produtor de teatro que na época acabara de trabalhar em *Beauty and the Beast* e *The Lion King*. Eu não era qualificada para quase nada, mas Don não me contratou para trabalhar na Broadway. Fui contratada para ajudá-lo em algo que ele fazia por amor: abrir labirintos gigantes em milharais – Amazing Maize Mazes – em fazendas de famílias e de história viva onde felizes visitantes se perdiam por esporte. Não que eu fosse qualificada para isso também, mas a concentração de candidatos ao trabalho era menor.

Portanto, meus primeiros anos em Manhattan foram marcados não por passar por prédios art déco em Midtown a caminho do trabalho, mas por incursões ocasionais a milharais em Iowa, na Pensilvânia e nas Carolinas. Na cidade, eu era uma daquelas jovens de preto ajudando nas coxias com favores e leituras – levando uma fita de Aids para Lauren Bacall, escoltando Chita Rivera até os bastidores – e aproveitando as vantagens do trabalho em Nova York: ingressos grátis para shows na Broadway, concedidos de última hora pela produção.

Isso é Manhattan: uma noite você está num assento na frente; em outra, está no degrau da porta de um estranho devorando meio litro de sorvete. Você vai até a esquina tomar um café e no caminho passa por uma equipe filmando o próximo campeão de bilheteria, por Anna Wintour ou por um número qualquer de pessoas andando por ali em estilos que você nunca verá nas páginas da *Vogue*. Cada um de nós tem sua tribo. E a cidade fala a cada um: você com um apartamento pequeno e um sonho grande; você que está perdido, que é convencido, inseguro, tenso, tudo isso junto; você de cabelo cor-de-rosa e olhar triste – "Bem-vindo a Manhattan", como diz a placa verde. Você pode ser quem você quiser e ainda ser convidado para a festa.

Amigos de meus primeiros anos na cidade se foram, embora nossos redutos permaneçam de uma forma ou de outra: o Down the Hatch, um bar grunge de porão, com asas de frango "Atômicas", ainda está em Greenwich Village; a Zum Schneider, uma cervejaria bávara ao livre, ainda está em Alphabet City; a Limelight ainda está em Chelsea, embora já não seja uma boate numa igreja neogótica – agora, são algumas lojas e uma academia de ginástica numa igreja neogótica. Naquela época, a cidade vibrava. Parecia que a qualquer momento poderia acontecer algo que mudaria o seu dia ou o curso de sua vida. Às vezes, isso acontecia.

Manhattan é perigosa, embora não pelos velhos motivos: assaltos, batedores de carteira, prostituição. O perigo é que quanto mais você fica – quanto mais se banha no brilho das telas piscando em Times Square, quanto mais é varrido por enxames de transeuntes a caminho do trabalho, quanto mais é perseguido por uma imitação sarnenta de Mickey Mouse que quer alguns dólares para posar para fotos – menos você é capaz de se deslumbrar.

As luzes diminuem. As pequenas batalhas com as portas do metrô, com o seu aquecedor, com o rato que se aproxima de você na Union Square como se *você* fosse o roedor, desgastam você. Você vai se cansando cada vez mais, desliga certos receptores.

Durante anos, prestei pouca atenção à minha cidade, e com o tempo ela desapareceu. Eu punha óculos escuros, fones de ouvido e caminhava às cegas nas ruas por onde Billie Holiday e Roy Lichtenstein haviam andado. Cada desfile era uma inconveniência, assim como cada estranho falando alto demais, andando devagar demais. Eu estava morando numa das cidades mais visitadas dos Estados Unidos, trabalhando num arranha-céu que pessoas do mundo inteiro paravam para fotografar e ignorando a cidade sempre que possível.

Depois de meu retorno a Paris, uma coisa me pareceu óbvia: para ver Manhattan de novo, sentir Nova York tão bem quanto Liza Minnelli soou ao cantá-la no Giants Stadium em 1986 (procure no Google), eu tinha que começar a tratá-la como se ela fosse uma cidade estrangeira, trazer os olhos, os hábitos, os cuidados e a atenção de uma repórter para a vida diária.

Mas como essa era uma espécie de autodiretriz facilmente ignorada, dei a mim mesma uma missão específica: uma vez por semana, durante tarefas rotineiras, eu experimentaria algo novo ou iria a algum lugar onde não ia há muito tempo. Poderia ser algo tão rápido quanto passar caminhando pela casa supostamente mal-assombrada em 14 West 10th Street, onde dizem que o ex--morador Mark Twain é um dos fantasmas. Poderia ser um passeio pelo High Line, o parque suspenso com bétulas e gramados compridos crescendo onde trens de carga rodavam. Ou poderia ser uma visita em noite nevada à estrela das belas-artes, a Biblioteca

Pública de Nova York, na Quinta Avenida, onde Pamuk escreveu a primeira frase de *O Museu da Inocência*. Ali, passei por paredes de mármore branco e castiçais, sob candelabros e tetos com murais ornados, pela sala com mais de dez mil mapas de minha cidade, terminando por sentar-me a uma mesa de madeira comunitária para ler uma tradução de *Sobre a vida solitária*, de Petrarca, rara demais para ser emprestada.

Chamei essas saídas, para ninguém além de mim mesma, de Terças de Turista. Escolhi esse dia específico não por soar bem, mas porque era aquele que eu reservara para cumprir tarefas rotineiras. Décadas de pesquisa de B.J. Fogg, diretor do laboratório de tecnologia persuasiva da Stanford University, sugerem que novos hábitos são mais efetivamente formados se você começa devagar e os vincula a práticas já existentes, ou a "âncoras", como ele as chama, como escovar os dentes ou apanhar a correspondência.

Assim começaram meus experimentos como turista na cidade onde moro. Durante todo o inverno, dei escapadas semanais, fosse ao *food hall* no subsolo do Plaza Hotel ou ao World Trade Center Transportation Hub onde, parando em plataformas com cantiléveres sobre o saguão principal, flutuei entre suas colossais costelas de aço brancas, como Jonas na barriga do peixe gigante. Na livraria Strand, descobri um relato de Jean-Paul Aron sobre comer na França do século XIX. Na biblioteca Jefferson Market – uma construção gótica de tijolos vermelhos vitoriana com um sino torreado e um relógio de torre, em Greenwich Village – fiz uma pausa diante das janelas com vívidos vitrais. O prédio tem os ornamentos de uma igreja, embora seja raro uma casa de oração com uma sala da comunidade de Mae West no andar de cima (dando uma interpretação saudável a sua fala "Por que você não sobe aqui qualquer hora para me ver"). Na verdade, a biblioteca não era uma igreja, mas sim uma corte judicial e uma prisão, onde West foi encarcerada por causa de uma atuação obscena numa peça chamada *Sex*. Quem sabe quantas vezes eu passara caminhando por aquelas janelas de vitrais na rua sem nunca me importar em descobrir o que havia do outro lado. Eu nunca subira a escada espiralada até a torre do sino ou descera ao subsolo até os graciosos arcos de tijolo da sala de referência e até a coleção Greenwich Village da biblioteca, com livros como *Haunted Greenwich Village* e *Boss Tweed's New York*.

Naquelas terças-feiras, tornei-me uma estudante, aprendendo que nos museus e bibliotecas da cidade você pode encontrar *A noite estrelada*, de Van Gogh; um manuscrito autografado de uma sinfonia de Mozart; e, à tona no rio Hudson, um submarino com mísseis nucleares. Nos escritórios de meu próprio jornal, do qual a Times Square tira seu nome, parei para admirar desenhos e mapas históricos de Hirschfeld e a escrivaninha de Henry J. Raymond, um fundador, em 1851, do *New-York Daily Times*. Olhei mais de perto, segui mais devagar, li sobre tradições locais. Comprar livros físicos, tocar em papel, tornou mais fácil saborear. Estendi um mapa, lembrando a mim mesma do formato da cidade, suas artérias e possibilidades. Quase todas as ruas têm uma história. Saber ainda que um pouco sobre elas revigorou lugares que de tão familiares eu parara de ver.

Comecei a ler sobre planejamento urbano, um assunto que há muito tempo me interessava. Apaixonar-se por sua cidade de novo, tentar vê-la através dos olhos de um urbanista. Você se torna um narrador benevolente, observando como seus personagens negociam rotinas diárias enquanto se apressam em suas vidas.

Você passa a entender como um novo edifício afeta um parque próximo, como algumas cadeiras postas embaixo de uma árvore podem transformar uma rua. Mesmo coisas irritantes – o ciclista voando na calçada, a praça sem lugar para sentar – tornam-se um enigma para resolver. Qual projeto poderia ser melhor? O que reuniria todas as pessoas? O que as separa? O espírito de investigação começou a retornar, e eu estava de volta à calçada, procurando pistas.

Pesquisas mostram que não muito tempo depois de chegarmos em casa vindo de férias, tendemos a retornar ao nosso nível básico de felicidade. Para ajudar a evitar que isso acontecesse, eu não deixara completamente as cidades que visitara e, em vez disso, tornei-as filtros através dos quais via a minha própria cidade. Entrei em lojinhas de pães e queijos, demorei-me com meu café. Ruas aparentemente tristes se tornaram oportunidades para observar grafites e estranhos, para "colorir o mundo externo com os tons quentes da imaginação", como Anthony Storr descreveu a vida criativa. Avenida a avenida, através de ruas velhas e neve fresca, pátios de igreja, cafés e livrarias independentes, Manhattan ressurgiu diante de mim.

Comecei a vê-la quando comecei a tratar a cidade onde moro como tratava qualquer outra cidade que visitava; como se houvesse um tempo limitado para absorvê-la.

※

Foi numa dessas terças-feiras que me lembrei que morava numa ilha. Se você já viu uma foto aérea de Manhattan, isso provavelmente lhe parece absurdo. Mas uma vida diária passada em túneis de metrô subterrâneos e em cânions entre edifícios que se erguem como fortalezas pode facilmente fazê-lo se sentir cercado de terra. Os prédios altos são cada vez mais altos, portanto, embora você possa estar perto de um dos rios que cercam o distrito, não pode vê-los. E chegar a eles não é necessariamente fácil ou agradável. Você pode ter que atravessar uma rodovia só para se ver parado numa lasca de asfalto, ou atrás de uma cerca de arame, ou sendo castigado pelo vento das hélices de um helicóptero enquanto este decola para a casa de campo de alguém. Portanto, sim, é possível esquecer que Manhattan já foi uma cidade marítima, um lugar com marés altas e esturjão-atlântico; onde homens eram "fixados em devaneios de oceano", como explica Melville; onde a palavra "arranha-céu" se referia originalmente não a algo enraizado no chão, mas à gávea de um clíper.

E se não fosse uma Terça de Turista no Guggenheim, eu poderia ainda estar pensando que os elementos essenciais de minha cidade são concreto e aço. Amigos vinham falando sobre uma retrospectiva de Agnes Martin no museu, o que me levou a entrar na internet e reservar um ingresso. Horas depois, quando me aproximei do balcão de informações dentro do prédio de Frank Lloyd Wright em meio às mansões da Quinta Avenida, ocorreu-me que era a primeira vez que eu estava visitando o museu sozinha em minha própria cidade.

Como podia ser? Comecei a enumerar na cabeça minhas idas a museus sozinha: o Barnes em Filadélfia, a National Gallery of Art em Washington, o Museu Histórico Judaico em Amsterdam, o Museo Nacional del Prado em Madri... mas nenhum em Nova York, o lar da Museum Mile.

Era a hora da abertura, e muitos visitantes, vários deles pessoas locais como eu, estavam ali sozinhos com seus casacos entreabertos, suas silhuetas contra as vigorosas grades e listras de Martin.

"Eu vivi sozinha minha vida inteira, mas não fiquei solitária", disse Martin certa vez numa entrevista em seu ateliê em Taos, Novo México, seu lar intermitente durante toda a sua carreira. "Acho que tive sorte. As melhores coisas da vida acontecem quando você está sozinho."

Eu morava sozinha num apartamento de um cômodo no Upper West Side de Manhattan, onde as calçadas lembravam os subúrbios, povoadas por cachorros, carrinhos de bebê duplos e crianças de patinete. O Upper West Side é onde uma vez por ano os colossais personagens da parada do Dia de Ação de Graças da Macy's repousam em poças nas ruas até o hélio fluir dentro deles e eles se erguerem como gigantes. É onde dinossauros decoram os degraus do Museu Americano de História Natural na época do Natal; onde as placas de rua da 84th Street perto do local da antiga casa de fazenda de Edgar Allan Poe grafaram errado duas vezes seu nome do meio como "Allen", levando o editor de uma revista a brincar que "se o fantasma de Poe estiver se perguntando quando a posteridade aprenderá a grafar seu nome corretamente, a resposta aparentemente seria: nunca mais". O Upper West Side é onde esferas representando estrelas e planetas flutuam dentro de um cubo de vidro gigante no Rose Center for Earth and Space. É onde estátuas em tamanho natural de Frederick Douglass e Abraham Lincoln – este de pé na calçada com uma cartola, como um fantasma depois do anoitecer – saúdam você em frente à New-York Historical Society, o museu mais antigo da cidade.

No alto da rotunda do Guggenheim, as obras mais tardias de Martin me lembraram papel de parede infantil e bandeiras que vi em barcos em Montauk no fim do verão. Gostei mais dessas pinturas mais ousadas. Um livreto do museu explicou que elas evocavam as pinturas dos primeiros anos de Martin em Nova York, na Coenties Slip, a rua onde ela morou, um lugar do qual eu nunca ouvira falar.

Naquela noite, de volta a minha casa, pesquisei. A Coenties Slip ainda está ali, na ponta sul de Manhattan, perto do East River, sobre um aterro sanitário que já foi um movimentado ancoradouro de barcos de madeira que chegavam de lugares distantes. O romantismo desse antigo porto de escala me encantou. Então, em outra terça-feira, eu me agasalhei bem e tomei o trem 1 para a ponta de Manhattan, onde barcas partem para a Estátua da Liberdade e as ruas datam dos primeiros tempos da cidade.

As portas do metrô se abriram na estação South Ferry, a última da linha, onde, na parede, um colorido azulejo de cerâmica do início dos anos 1900 é decorado com um barco a vela. Do lado de fora, o ar era mais frio perto da água; o vento mais forte, erguendo gaivotas que voavam em arco em torno da placa do Staten Island Ferry Terminal. O sol estava branco e fraco no céu. Homens chamavam visitantes em pé em torno de persistentes montículos de neve suja. "Com licença, senhor, madame... vocês precisam de ajuda?", perguntavam eles. "Estátua da Liberdade? Por aqui."

Afastei-me apressada dos vendedores de bilhetes para as barcas, passando por sacos plásticos cortados em tiras, pendurados como teias de aranha em galhos de árvores pelados no Battery, e segui em direção aos antigos prédios atarracados aninhados nos vales entre arranha-céus. Foi ali que George Washington se despediu de suas tropas ao fim da Guerra da Independência e, não muito distante, foi onde a usina elétrica de Thomas Edison – que

A cidade

abastecia o primeiro sistema de estação central subterrânea de Edison no país – começou a funcionar, em 1882.

Na Pearl Street, perto de um Le Pain Quotidien e dos restos de uma cisterna do século XVIII, vi uma placa: Coenties Slip.

Melville menciona a Slip em *Moby Dick*, mas em *Redburn: His First Voyage* a descreve com mais vivacidade, tanto que, ao estar na rua naquela manhã de inverno, pude imaginá-la como "um certo lugar perto de fileiras de armazéns de aspecto sinistro, com portas e venezianas de ferro enferrujadas e telhados de telhas; e velhas âncoras e correntes amontoadas na calçada"; como um lugar onde "capitães do mar queimados de sol" podiam ser vistos "fumando charuto e falando sobre Havana, Londres e Calcutá".

Agora não havia nenhum sinal deles – nenhuma âncora, nenhuma conversa sobre lugares distantes. Apenas alguns restaurantes e um salão de depilação de sobrancelhas com linha. Do outro lado da rua estava o parque Coenties Slip, um nome ambicioso para uma pracinha com bancos de madeira e uma árvore pelada guardando seu perímetro. No centro havia uma escultura de metal e vidro cujo propósito era evocar um barco equilibrado sobre sua ponta.

Também não havia nenhum vestígio de Martin ou de seus vizinhos, um quem é quem de artistas americanos: Ellsworth Kelly, James Rosenquist, Charles Hinman, Robert Indiana. Eles foram a primeira comunidade de artistas de Nova York a morar em espaços industriais, de acordo com Holland Carter, ex-crítico de arte do *New York Times*, e alugaram por uma ninharia os armazéns de tijolo e granito vazios – poucos com calefação ou cozinha – abandonados pela indústria marítima quando esta se moveu para o norte, no fim dos anos 1950. "Cada um dos artistas buscou um caminho individual", escreveu Carter, "valorizando a independência, não apenas em relação à pintura da Escola de Nova York mas também entre si."

Indiana alugou um loft no último andar, na Slip. De suas janelas (que ele próprio teve que instalar), ele tinha uma vista para o East River, Brooklyn Heights, ancoradouros abandonados e pés de sicômoro. De manhã, podia ver o sol nascer por entre os cabos da Brooklyn Bridge. À noite, não importava se não havia luar: o farol da hospedaria de marinheiros, ali perto, brilhava através das claraboias de seu ateliê.

O farol já não existe, e a maioria dos lofts foi demolida. Procurei saber quanto custa viver na rua hoje em dia. Um apartamento de um quarto sem elevador em 2 Coenties Slip foi alugado na última vez por quase três mil dólares por mês.

Aprender qualquer coisa sobre a Slip quando você está ali exige procurar uma plaquinha marrom da New York Landmarks Preservation afixada risivelmente no alto de um poste. As letras eram tão pequenas que, para lê-las, tive que tirar uma foto e ampliá-la. A placa, aliás, não mencionava Martin nem Indiana, nem nenhum outro artista. Observava simplesmente que os prédios ali estão sobre o primeiro aterro sanitário de Nova York. O que resta da era de Martin são as obras dos artistas que viveram ali, como o filme *Eat*, de Andy Warhol (filmado no ateliê de Indiana), e *25 Coenties Slip, July 20, 1957*, de Indiana, parte de uma série de desenhos da área.

O vento estava inclemente. Atrás de um muro – de outro lado da FDR Drive, para além de um canteiro de obras – estava o East River. Pelo menos uma vez estava perto o bastante. Minhas bochechas estavam tão frias que pareciam molhadas, e meus dedos haviam ficado dormentes dentro das luvas. Comecei a caminhar

A cidade

para o norte, afastando-me do rio e da Slip e passando pelas ruas laterais sombreadas do Financial District, ao longo dos últimos vestígios da Nova York do século XIX. Virei à esquerda na Fulton e logo estava seguindo em direção ao monólito que é o One World Trade Center e, em primeiro plano, às costelas de baleia branca do World Trade Center Transportation Hub, tão grandes que pareciam alcançar o outro lado da rua. À minha direita estava o campanário da St. Paul's Chapel, apequenado por prédios mais novos. Ao me aproximar do cemitério e da igreja de pedra, a última igreja da época colonial que resta em Manhattan, eu não conseguia me lembrar de já ter posto os pés ali dentro. Parei abruptamente e atravessei a Fulton.

É estranho ver um grupo de lápides inclinadas em meio a um comércio moderno, entre uma Staples e um Millennium Hilton. Em Nova York, nossos mortos são consignados aos distritos, de modo que não os vemos a não ser que façamos questão de visitá-los. Mas ali, no centro de Manhattan, estava uma exceção – um lembrete do passado. E do futuro inevitável. Cemitérios em lugares como Istambul se assentam ao lado de mesquitas e escolas, entre os vivos; *memento mori* inescapável.

St. Paul's é um cemitério modesto. Não há caminhos sinuosos, nenhuma escultura alta criando santuários privados. As árvores estavam estéreis, exceto por uma que segurava o ninho de um pássaro grande. A grama estava semicoberta por uma camada de neve. As lápides – finas e com extremidades arredondadas, com topes e tímpanos – eram da cor de cascas de árvore e pedras de rio, algumas verdes com algas, algumas sem palavras.

Os primeiros fiéis se reuniram na St Paul's em 1766, mais de 250 anos atrás, o que a torna um dos prédios mais antigos da cidade em uso público contínuo. Entrei no pórtico oeste, passei sob a lanterna e atravessei as portas duplas. George Washington (em cujos cadernos de anotações da infância você encontrará a máxima francesa "é melhor estar sozinho do que mal acompanhado) rezou aqui quando ainda havia pomares e gramados descendo até o rio.

O calor ali dentro foi uma boa sensação depois de horas caminhando ao vento. Tirei as luvas, flexionei os dedos. Diferentemente da neve da cidade, quase tudo dentro da igreja era de um branco razoavelmente imaculado. Candelabros de vidro cintilavam ao fim de longas correntes. Caminhei pelos ladrilhos de mármore branco e preto, ao longo das naves laterais, onde fotografias e ilustrações históricas em exposição traçavam a evolução da capela.

Depois dos ataques ao World Trade Center, em 2001, St. Paul's serviu como uma missão de assistência a trabalhadores da recuperação no Marco Zero. Hoje uma sala pequena, a 9/11 Chapel of Remembrance tem caixas de vidro com fotos de bombeiros, rosários e ursinhos de pelúcia – um nas cores do arco-íris; outro vestido de policial; outro decorado com "I love NY" – que foram dados aos socorristas. Toquei num banco ainda com marcas de arranhões de botas e equipamentos deixadas por socorristas que tiveram ali algumas horas de sono entre turnos.

Do lado de fora, pus as luvas e peguei um trem expresso de volta a *uptown*. Ali, tomei o caminho para casa, em direção ao rio Hudson, que corre centenas de quilômetros, descendo das Montanhas Adirondack, ao longo do lado oeste de Manhattan, até a extremidade sul da cidade, antes de desaparecer no oceano Atlântico.

Santuários e estranhos

Criando o lar

*Meus momentos mais felizes eram
quando
eu era deixado sozinho em
casa num
sábado.*
— Charles Bukowski, "My Secret Life"

A primeira luz aparece sobre o Central Park. Mal se ouve algum som através das paredes ou janelas – nem o bebê do vizinho, nem um carro passando, apenas o zumbido mecânico da cidade. Ouço a exaustão do aquecedor quando esta desperta; sinto uma corrente de ar sob a porta. Não há luzes nas janelas do edifício do outro lado da rua, apenas aquelas luzinhas piscando que as pessoas põem em torno de suas varandas. Estou sozinha com a manhã e com os primeiros aviões planando ao chegar.

Eles passam por um ponto brilhante no céu que eu penso ser Vênus. A palavra "planeta" deriva de um antigo verbo grego que significa "vagar", mas no inverno estou contente por permanecer quieta. E em meu escritório é precisamente isso o que faço.

Envolvo com as mãos uma xícara de chá matchá enquanto a neve bate nas torres de caixa d'água sobre os telhados. No escritório, estou fora de cena. Escrevo, cochilo, faço uma reserva para a próxima viagem. Escuto Christine and the Queens; vejo o sol nascer e se tornar uma mancha cor-de-rosa quente; acendo uma vela quando o céu começa a escurecer no fim da tarde.

Foi no escritório que assisti a vídeos de Julia Child fazendo sopa de cebola francesa e ensinando os pormenores da afiação de uma faca. No escritório, deparei-me com a surrealista Leonora Carrington e com os diários de Edmond de Goncourt, em que ele narra suas refeições e idas ao teatro com Flaubert, Oscar Wilde e Victor Hugo – bem como seus primeiros encontros no ateliê de "um pintor chamado Degas" e suas impressões iniciais sobre a Torre Eiffel. ("Não se poderia sonhar com nada mais ofensivo aos olhos de um membro das antigas civilizações.") No escritório, comecei a cultivar um álbum comum com trechos, poesia e citações de livros e jornais sobre coisas que me intrigavam, uma prática que data do século XVI. E por falar em práticas, comecei a tomar nota daquelas que, através de cidades e estações, ajudaram a tornar meu tempo sozinha rico e significativo: fotografar o momento, experimentar coisas novas, estar presente, ser brincalhona, comungar com arte, cultivar a antecipação, encontrar silêncio, lidar com o que quer que aconteça, caminhar, escutar, recordar, lembrar que tudo é passageiro.

Assim como o homem primitivo retornava à caverna por segurança e sigilo, como escreveu o historiador Lewis Mumford, o homem moderno retorna ao escritório em casa, ou mesmo a espaços internos privados com nomes como Pause Pod e Bocchi Tent (a tenda para ficar "totalmente sozinho", como traduziu o site de notícias SoraNews24, com base em Tóquio). Em *House Thinking*, o escritor Winifred Gallagher descreve pesquisas sobre primatas dos National Institutes of Health que constataram que quando macacos podiam sair de suas jaulas e ir para uma área de recreação, eles periodicamente decidiam retornar a seus ninhos para uma verificação. Mesmo os macacos expansivos faziam isso. Havia um efeito calmante: seus níveis de cortisol e outras medidas que os pesquisadores usam para avaliar o estresse diminuíam.

"Nós também somos restaurados por um respiro em nossa base segura", disse Gallagher. Espaços importam. Nossos ambientes podem afetar o modo como pensamos, sentimos e nos comportamos. Por exemplo, Judith Heerwagen, uma psicóloga da Administração de Serviços Gerais dos Estados Unidos, escreveu que a falta de controle sobre nosso ambiente de trabalho – quer isso envolva iluminação, temperatura, ventilação ou privacidade – pode levar a retraimentos, humores negativos e até mesmo a sintomas físicos como dores de cabeça. Em casa, com frequência temos mais controle, física e psicologicamente. Gallagher se refere a isso como uma adaptação psicológica: criar espaços que ajudam a fomentar qualquer que seja a atitude mental ou o comportamento que desejamos despertar.

Nathaniel Hawthorne chamou o escritório em sua casa, em Concord, Massachusetts, de seu "ático". Dylan Thomas pensava no barracão onde escrevia em Laugharne, Gales, como seu "quarto de água e árvore". Virginia Woolf ficou conhecida por incentivar mulheres a ter quartos próprios.

Nem todos esses "quartos" são internos. O "quarto de retiro" de Thoreau era uma floresta de pinheiros atrás de sua casa, nos bosques de Concord. Aliás, quando os Estados Unidos estabeleceram um sistema de preservação de áreas selvagens com a Lei de Áreas Selvagens de 1964, definiram "áreas selvagens" não apenas como terras selvagens, mas também como terras com "excelentes oportunidades para a solidão".

Todo tipo de gente precisa de algum tipo de quarto de retiro: introvertidos, extrovertidos, introvertidos que parecem extrovertidos. Considere Amy Schumer, que se autodescreve como introvertida e se apresenta ao vivo diante de multidões do tamanho de estádios. Quando está filmando, ela se retira para seu trailer durante o horário de almoço para poder ter tempo para meditar. Durante reuniões sociais, ela faz intervalos ou caminhadas sozinha. Quando está no metrô, usa fones de ouvido para criar uma sensação de privacidade. "Eu gosto de estar sozinha", escreveu ela em seu livro de ensaios pessoais, *A garota com a tribal nas costas*, explicando que nunca foi mais feliz do que quando finalmente descobriu isso sobre si mesma.

Meu escritório é pequeno. Quando pássaros voam perto da janela, vejo o reflexo deles passando sobre minha escrivaninha de vidro como se esta fosse o céu. Eu queria que esse fosse um lugar tanto para trabalhos produtivos quanto para meditação. E então é uma espécie de *tabula rasa*: paredes brancas, nenhuma foto, nenhuma arte. Mas aqui e ali há vestígios de onde estive. Um marcador de página com bolinhas douradas do Hôtel Parc Saint Séverin é usado em algum livro e será redescoberto meses ou anos depois. Mapas de bolso com pontos interesses circundados por atendentes de hotel estão enfiados em caderninhos Moleskine. Um *nazar* está pendurado num cabide no armário, juntamente com os tênis Bensimom que comprei em Paris. No bolso estreito do peito de minha jaqueta de couro está meu cartão de visitas com o endereço do hotel onde fiquei em Paris quando estava em missão para o *New York Times* escrito atrás.

Depois dessa viagem, eu abria o zíper da jaqueta de couro de vez em quando para enfiar um cartão do metrô ali dentro e redescobria o cartão com o endereço em Paris. Era como pescar alegria em meu bolso. E então, em vez de jogá-lo fora, eu o empurrava de volta ali, onde ele aguarda ser encontrado de novo.

༺❀༻

Numa tarde de inverno no hotel Marlton, em Greenwich Village, freelancers se reúnem no saguão, em torno da lareira, sob o teto ornamentado com caixotões, acomodados em sofás de veludo verde e cadeiras estofadas, batendo teclas de laptops, bebericando *lattes*, sem ser incomodados por funcionários. Deixe o vento soprar. Existem poucos lugares mais aconchegantes para se estar do que dentro desse hotel butique com tapetes estampados e paredes com painéis de madeira, um toque de Paris na 8th Street.

Grande parte da vida na cidade, às vezes um tanto privada, não acontece em casa. Um espaço próprio, afinal de contas, é caro. E então, no Marlton, as pessoas se acomodam em poltronas, conectam-se em wi-fi grátis e conduzem os negócios do dia, sozinhas e juntas.

É libertadora a sensação de estar fora, no mundo, enquanto se trabalha sem amarras, longe das luzes fluorescentes do escritório e do ronronar das impressoras preguiçosas. Com o passar do tempo, alguém se aproximará e perguntará se você quer o cardápio. "Não tenha pressa para pedir", um garçom me disse certa vez. "As pessoas sempre passam um tempo aqui." Os sanduíches são quentes, a música é suave e melancólica: "Dark Side of the Moon" com Chris Staples, "Crucify Your Mind" com Rodriguez. O Marlton já foi um hotel com ocupação de quartos para uma só pessoa, onde gente como Jack Kerouac e Lenny Bruce fez check-in. Estranhos pedem para compartilhar uma tomada ou o sofá. Você troca algumas palavras sobre a comida, o clima, hotéis favoritos em outras cidades. Essas breves alianças parecem boas, assim como a lareira pertinho.

Uma das vantagens de um tempo sozinho é poder ter experiências que não necessariamente temos quando estamos com amigos e família – e isso inclui realizar coisas novas e fazer novas conexões. Talvez tenhamos decidido viajar sozinhos à Provence para um curso de culinária, ou a Sedona para um fim de semana num spa, ou a Maui para um acampamento de surfe – e no processo encontramos outros viajantes com interesses ou paixões semelhantes. Essas conexões são parte da alegria e da recompensa de estar sozinho. Ao ousarmos ir sozinhos, temos uma oportunidade de estar quietos e reflexivos, de expandir a mente e a nossa experiência – e a nossa rede social.

De fato, para aqueles que preferem passar menos tempo sozinhos, a viagem solo com frequência leva exatamente a isso porque cria oportunidades de conhecer pessoas novas e desenvolver amizades. Isso é pelo menos um motivo pelo qual não é necessariamente uma abordagem sábia tentar convencer um amigo ou amiga a nos acompanhar numa viagem em que ele ou ela não está interessado, ou esperar conhecer alguém significativo antes de partir para um lugar aonde queremos ir há muito tempo. Vá sozinho e haverá uma boa chance de encontrar companhias ao longo do caminho.

Mesmo as conexões mais passageiras exercem um papel importante numa viagem solo. Estranhos generosos podem ser uma fonte de ajuda e apoio, seja com direções, recomendações de restaurantes ou conversas simpáticas. Esses momentos dão a um viajante sozinho uma bem-vinda dose de companhia (somos, afinal, seres sociais) entre uma aventura e outra.

Dito tudo isso, temos uma tendência a subestimar o prazer que pode advir de conversas com estranhos. Por exemplo, um estudo de campo de Gillian M. Sandstrom, da Universidade de Essex, na Inglaterra, e Elizabeth Dunn, da Universidade da Colúmbia Britânica, pediu a clientes que compravam café num Starbucks movimentado para ter uma interação social genuína com o barista, como teriam com um conhecido, ou para tornar essa interação tão eficiente quanto possível, evitando conversas desnecessárias. Adivinha quem apreciou mais a ida ao café? As pessoas que se conectaram com a pessoa que pegou seu pedido.

Uma série de nove experimentos de Nicholas Epley, professor de ciência comportamental da Booth School of Business, da Universidade de Chicago, e Juliana Schroeder, professora assistente da Haas School of Business, da Universidade da Califórnia, Berkeley, verificou que há uma diferença significativa entre o que pensamos que acontecerá e o que realmente acontece quando falamos com estranhos. Por exemplo, participantes de experimentos em metrôs e ônibus previram que teriam uma viagem mais positiva se eles se sentassem sozinhos em solidão do que se tivessem uma conversa com um estranho. Mas, na verdade, as pessoas tiveram viagens mais prazerosas quando se conectaram com outras, relataram os pesquisadores num artigo publicado na *Journal of Experimental Psychology: General*.

Certamente não faltam felizes contos infantis ou jogos que promovem os benefícios de interagir com outros. Em toda parte, todos os heróis de aventuras propensos a ser independentes – Pinóquio, Alice, Dorothy Gale, Stuart Little – dependeram da ajuda de estranhos benevolentes. No jogo de tabuleiro Tokaido, escolher conhecer um estranho ao longo do caminho sempre leva a algum tipo de recompensa. Infelizmente, na vida real, moradores de cidades ombro a ombro em trens de metrô e calçadas congestionadas são por demais adeptos a reconhecer a presença um do outro mas não se engajar. "Aprendemos a ignorar as pessoas e a ser ignorados por elas", disse Alan Westin, "como uma maneira de alcançar a privacidade."

Mas, como escreveu Epley, às vezes nossas crenças sobre o que nos fará felizes estão erradas. Estranhos nos dão uma oportunidade de conhecer pessoas que têm vidas completamente diferentes da nossa. Seja no saguão do hotel, na biblioteca, no bar ou num voo noturno, eles podem indicar o caminho ou acrescentar alegria a uma manhã de inverno, como o entregador que gritou para mim com uma cordialidade de cidade pequena, "Feliz Dia dos Namorados!", quando nos cruzamos na calçada. Ou como o oficial da imigração num aeroporto de Nova York que, depois de me devolver o passaporte, cumprimentou-me com "Bem-vinda ao lar", fazendo eu me sentir imediatamente parte da tribo. Nova York é onde eu desfaço a mala. É onde conheci a maioria de minhas pessoas favoritas. Nós também já fomos estranhos.

Kio Stark, que dava um curso sobre estranhos no Programa de Telecomunicações Interativas da Universidade de Nova York, disse que uma "intimidade passageira" (na rua, no metrô, compartilhando um UberPool) pode fazer com que nos sintamos parte de uma comunidade maior e levar a novas perspectivas e conexões.

Mas, para muitos de nós, a ideia de puxar uma conversa com um estranho pode ser desconfortável, e até mesmo provocar ansiedade. E é claro que diferentes culturas têm diferentes normas quando se trata de interações assim. Nos Estados Unidos, o Project for Public Space constatou que, quando nos sentimos confortáveis falando com estranhos, tendemos a ter um sentido mais forte de lugar ou de ligação com nossa comunidade.

Obviamente, a tecnologia pode ajudar a facilitar essas conexões. O Airbnb, por exemplo, oferece suas Experiências na forma de passeios e atividades locais, como uma em Florença que envolve acompanhar um membro da Associação Toscana de Caçadores de Trufas pelo interior, ou outra em Nova York que inclui apreciar comida latina e uma sessão de freestyle rap no Spanish Harlem. Mas como é que você faz isso espontaneamente?

Stark tem algumas sugestões em seu livro *When Strangers Meet* e em uma TED Talk relacionada. Alguns exercícios são criados para fazer com que nos acostumemos a interagir com os outros, como sorrir quando passamos por alguém, elogiar alguém por algo que ele ou ela está vestindo ou puxar uma conversa sem falar diretamente com o estranho, mas sim com o seu cachorro ou o seu bebê. Outro exercício envolve o que o urbanista William H. Whyte chamou de triangulação: usar um objeto (como uma escultura) ou um evento (uma apresentação de mímica) que você e um estranho podem ver como um ponto de partida para uma conversa.

Não é incomum estranhos transitórios compartilharem confidências que dão a impressão de confissão, que podem não ter sido compartilhadas com amigos e família, como descreveu o sociólogo Georg Simmel em seu ensaio do início do século XIX "The

Stranger". Afinal de contas, o estranho é anônimo. O estranho irá embora.

Para praticar tornar-se mais confortável com estranhos, Stark criou uma série de expedições urbanas que podemos experimentar por conta própria, em ordem de grau de desafio, em ideas.ted.com/how-to-talk-to-strangers. Cartas do baralho Anywhere Travel Guide (descrito na seção Florença deste livro) também podem ser úteis: elas instruem o leitor a parar um estranho e perguntar qual é a sua rua favorita, ou onde comprar ou comer. Há também um cartão de "apresentação", que pode ser entregue a um estranho, permitindo um olá cortês.

Oportunidades de interação estão em toda parte: em livrarias, com guardas de segurança de museus, caixas de mercearias, garçons, pessoas numa fila. Membros de um grupo no Facebook chamado Community of Single People [Comunidade de Pessoas Solteiras], criado por Bella DePaulo, a pesquisadora e autora de *Singled Out*, responderam a uma pergunta que apresentei sobre como eles conhecem outras pessoas respondendo que é simplesmente fazendo coisas que adoram. Um corredor disse que praticamente toda vez que viaja sozinho participa de uma meia maratona ou maratona: "Você imediatamente tem um interesse em comum."

Uma mulher que gosta de pedalar sozinha disse que, embora prefira fazer isso a sós, "porque andar de bicicleta, para mim, é solidão e meditação, nunca uma atividade social", não tem dificuldade de fazer amigos ao longo do caminho. "Estar sozinha numa bicicleta é tudo o que sempre precisei para quebrar o gelo. As pessoas são atraídas por minha aventura e querem fazer parte dela."

Embora goste de falar com estranhos, Stark é realista em relação aos parâmetros dessas experiências. "Como mulher, particularmente, sei que nem todo estranho na rua tem as melhores intenções", disse ela em sua TED Talk. "É bom ser amistoso, e é bom aprender quando não ser, mas nada disso significa que temos que ter medo." Embora outras pessoas possam fazer o possível para convencê-lo a ter receio: a comediante Jen Kirkman conta uma história, em um de seus números de stand-up, sobre quando iria a Veneza sozinha. Amigos e família expressaram uma mistura de preocupação e desgosto. "Eu estava animada com essa viagem antes de as pessoas começarem a desencorajar-me", diz ela. Kirkman descreve então como seu pai lhe perguntou por que ela não estava com medo de viajar sozinha, levantando o espectro do Estado Islâmico. Sua resposta: "Você está de brincadeira comigo? Já não basta eu ter que me preocupar com um homem qualquer?"

Há uma verdade terrível nisso. Em fevereiro de 2016, duas jovens mochileiras argentinas que viajavam no Equador foram estupradas e mortas. Em muitas conversas on-line, argumentou-se que elas não deveriam estar viajando sozinhas. Em primeiro lugar, elas não estavam de fato sozinhas; estavam juntas. O que alguns críticos pareciam estar insinuando é que elas não deveriam estar viajando sem homens. Mulheres que viajam sozinhas pelo mundo reagiram na mídia social, postando fotos delas sozinhas nos lugares mais diversos, fosse com as Joias da Coroa, em Londres, ou numa floresta de macacos em Ubud, com o hashtag #ViajoSola – "Viajo sozinha".

Não existe nenhum conjunto de precauções a serem tomadas que seja à prova de erros, embora especialistas digam que uma de nossas melhores defesas é algo que já temos: nossa intuição. Mesmo estudiosos de ciência comportamental que estudaram os benefícios de falar com estranhos advertem contra ignorar qualquer instinto que tenhamos sobre a segurança de uma situação específica ou em relação a uma pessoa. "Nossa intuição com frequência sabe o que é melhor para nós quando nossa mente pensante ainda não entende o que está acontecendo", como explica um artigo na *Psychology Today*. (Para uma orientação sobre segurança, veja a seção Dicas e Ferramentas no fim deste livro.)

O jornalista Stephen J. Dubner, talvez mais conhecido por sua colaboração com o economista Steven D. Levitt em *Freakonomics*, observou em seu blog que nosso medo de estranhos geralmente é maior do que qualquer perigo verdadeiro. Ele escreveu que nos Estados Unidos, por exemplo, crimes como estupro e assassinato tipicamente envolvem pessoas que as vítimas conhecem. Eu sou sempre cautelosa, mas se nunca me envolvesse com estranhos perderia grande parte do que torna uma viagem solo – sem falar a vida – divertida.

Tome como exemplo a vez em que eu estava esperando um voo de Florença para Nova York no Aeroporto Amerigo Vespucci. Notei uma mulher esbelta, de cabelo preto, sozinha perto do portão de embarque. Quando cheguei ao meu assento, ela estava no assento ao meu lado. Cumprimentei-a e me acomodei.

"Você é jornalista ou atriz?", ela disse.

Se eu tivesse o dom da capacidade de erguer uma sobrancelha, teria sido a ocasião perfeita.

"Jornalista", eu disse. "Como você sabia?"

Ela me notou assim como eu a notara, da maneira como qualquer criatura reconhece sua própria espécie. Ela explicou que estivera em Florença escrevendo para um blog de moda e me estendeu um chiclete. Logo, estávamos a dez mil metros de altura conversando como amigas sobre nossos trabalhos e cidades. Ela era francesa e morava em Paris. Trocamos e-mails. Quando aterrissamos em Paris–Charles de Gaulle – eu para minha conexão, ela em casa – ela me indicou a direção para meu voo de conexão e me deu um abraço de despedida. *Au revoir.*

Ela foi para a direita; eu fui para a esquerda. Imaginei nós duas, uma em cada lado do oceano, ambas escrevendo, uma acordada enquanto a outra dormia.

Alguns dias depois de eu retornar a Nova York, recebi um e-mail. Assunto: "Vamos continuar conectadas." Era de meu duplo do avião. "Foi realmente um prazer viajar com você", escreveu ela. "Ficaria feliz em ver você novamente. Me avise quando voltar a Paris."

E assim de repente – um convite.

Ode ao West Village

Segui passeando com meu coração expandindo diante do pensamento de que eu era um cidadão da grande Gotham, um compartilhante de sua magnificência e seus prazeres, um participante de sua glória e seu prestígio.
— O. Henry, "The Four Million"

Uma cidade expressa diferentes coisas para nós em diferentes momentos – do dia, do ano, da nossa vida. Muitos anos se passaram desde que eu estava no banco de trás do carro, tomada por aquela efervescência. Hoje, sou mais atraída pelos cafés de bairro, ou por antigos parques modestos como a Abingdon Square em Greenwich Village, onde fazendeiros vêm vender queijos e ovos à sombra de plátanos. Tenho uma queda por pequenas ilhas urbanas como a McCarthy Square, com suas casas de passarinhos – algumas com simples telhados em ponta; outras com vários andares e deques, feitas de miniaturas de toras de madeira, como chalés de esqui – que surgem em meio a arbustos e sempre-vivas. Gosto da quietude matinal do West Village, onde quadros-negros nas calçadas diante de restaurantes e cafés oferecem cafeína e dias melhores, e onde ruas de paralelepípedos – Jane, West 12th, Bethune, Bank – desembocam na Washington Street como riachos desaguando num rio.

Downtown, as coisas têm uma escala humana. As ruas são tortas. Você não é oprimido pela malha viária da cidade, por edifícios vertiginosos e longas avenidas. Há casas enfileiradas com jardineiras nas janelas e portões baixos decorados com teias de aranha no Halloween e contas de plástico no Mardi Gras. Você pode se perder de maneira agradável. Pode ver o céu.

Morei grande parte de minha vida no Upper West Side, mas *downtown* tem um encanto particular. Como não está em conformidade com a malha viária de Manhattan, é quase como estar numa cidade completamente diferente, o que torna muito mais fácil apreciar a alegria da descoberta e todas as outras virtudes de estar sozinho.

Eu fazia longas caminhadas somente quando o tempo estava bom. Agora, faço em qualquer tempo. Quando viajo, minha maneira favorita de me familiarizar com uma cidade é caminhar. Por que não fazer o mesmo na cidade onde moro? Em 2017, Nova York foi considerada pela Walk Score a grande cidade com pontuação mais elevada no país como lugar para caminhar, de acordo com uma classificação baseada em densidade populacional, extensão de quarteirões, distância de confortos e cordialidade de pedestres. Sempre caminhei um bocado em Manhattan. Mas depois de Paris, Istambul e Florença, abandonei minha bolsa a tiracolo pesada e comprei uma mochila, o que me permitiu caminhar mais tempo e mais longe, com as mãos livres, sem dor no ombro e sem me preocupar que em noites nevadas e escorregadias eu perca o equilíbrio. Nos dias mais frios, eu vestia lã e um casaco com isolamento térmico e ganhava as ruas de Manhattan vestida para as Adirondacks.

Pasme, a caminhada melhorava meu ânimo – se não meu estilo – e possivelmente minha saúde também. Demonstrou-se que os deslocamentos para o trabalho de carro e em transporte público aumentam o estresse e a pressão sanguínea. Fora do metrô, e de volta à calçada, minhas bochechas ardiam ao vento. Eu enfrentava neve, chuva, respingos de lama e chegava a todos os lugares com o cabelo emaranhado, o nariz escorrendo e ainda assim mais feliz. Uma pesquisa da McGill University publicada na revista *Transportation Research* verificou que entre quatro mil pessoas que iam para o trabalho a pé ou de ônibus, metrô ou trem num inverno de neve em Montreal, eram os caminhantes que faziam o deslocamento menos estressante, apesar do clima.

"O coração vê a alegria do amanhecer, a brisa", escreveu Rumi. "O que você viu? O que você não viu?" Um motivo pelo qual as caminhadas no Village são tão atraentes é o quanto o bairro pode ser lento para acordar enquanto o resto de Manhattan já está agitado, o que oferece uma oportunidade de saborear suas ruas pequenas, e o tempo e espaço para reflexão.

Caminhando pelo Village, eu fazia um inventário das mudanças que haviam acontecido – ou não – desde que viajara. Em Paris, o Comptoir Turenne ainda estava servindo café na extremidade sossegada da rua. Em Florença, as estações ainda estavam de pé nos cantos da Ponte Santa Trinita. Eu ainda conseguia deixar de lado o meu iPhone.

Outras coisas haviam sumido. Meus amigos venderam a casa na baía. Leonard Cohen morreu, assim como Vito Acconci. Istambul estava sacudida por ataques. Hoje, ainda que a cidade esteja construindo um aeroporto de última geração, o Departamento de Estado adverte os americanos a reconsiderar viagens à Turquia por causa do terrorismo e das proibições de viajar que os impediram de deixar o país. Eu ainda tenho que voltar.

"Uma das leis de viagem, uma das leis do reino", disse Fred Bryant, "é que isso tem que acabar."

Mas ainda ouço o muezim. Ouço as buzinas dos navios, o grito das gaivotas, o tique-taque do tempo no Museu da Inocência. Mesmo em Nova York, quando a neve está caindo e é triturada suavemente sob os pés, posso evocar os sons de lugares distantes. Ouço Paris: o estalido suave da corrente de uma bicicleta numa tarde ensolarada, crianças jogando futebol no pátio da igreja, a chuva de primavera através da janela aberta. Ouço as fontes de Florença, passos sobre as pedras do calçamento, o zumbido noturno da *piazza* para além das venezianas.

As experiências que recordamos não precisam ser extraordinárias para serem gratificantes. Na verdade, estudos de acadêmicos da Harvard Business School publicados na revista *Psychological Science* constataram que tendemos a subestimar o prazer de redescobrir nossas experiências comuns, diárias, através de coisas como registros em diários e cartas. Somos mais aptos, porém, a narrar grandes eventos da vida e férias anuais, e não necessariamente o cotidiano. E isso pode ser uma oportunidade perdida. Por exemplo, num estudo, os pesquisadores verificaram que estudantes universitários que criaram cápsulas do tempo de informações mundanas – notas sobre conversas recentes, encontros sociais, canções que eles estavam escutando – haviam subestimado significativamente seu interesse quando revisitaram as cápsulas meros três meses depois. Outro estudo constatou que pessoas subestimaram o prazer que obtinham ao lerem algo que escreveram sobre uma experiência "típica" com o parceiro.

"Geralmente não pensamos nos momentos comuns do dia como experiências dignas de serem redescobertas no futuro", disse a importante pesquisadora Ting Zhang à Association for Psychological Science. "Porém, nossos estudos mostram que com frequência estamos errados: o que é comum agora se torna mais extraordinário no futuro – e mais extraordinário do que poderíamos esperar."

Nem sempre podemos escapar para Paris ou Istambul. Nem sempre queremos também. Saborear o momento, examinar coisas de perto, relembrar – essas práticas não são para ser usadas estritamente em viagens. São para a vida diária, para qualquer lugar. Na verdade, você pode começar neste exato momento, se quiser, com uma prática de saborear que Bryant e Veroff criaram chamada Férias Diárias. Eis como ela funciona:

Todo dia, durante uma semana, planeje e tire umas férias diárias fazendo algo de que você gosta durante vinte minutos ou mais. As férias podem ser algo tão simples quanto sair para uma caminhada por seu bairro, ou folhear um livro sobre jardinagem. Tenha como objetivo estar no momento e "ver coisas como se fosse a primeira ou última vez".

As Férias Diárias podem ser tiradas com um capital muito pequeno, observa Bryant, e não há limites de segurança para manter. Para ele, as Férias Diárias às vezes significam fazer uma viagem ao passado recordando algum passeio. Ele pode "reentrar" naquela experiência guardando uma lembrança preciosa, quase sagrada, como o diário que seu pai fazia quando eles tiravam férias juntos numa montanha do Colorado – assim como eu posso evocar Paris escutando "Ma chansonnette", de Henri Salvador, que ouvi certa vez no Relais Christine, um hotel no Rive Gauche instalado numa antiga mansão com gatos que surgem aqui e ali. Para intensificar os efeitos das Férias Diárias, Bryant sugere planejar as férias do dia seguinte ao fim do dia presente, para que haja algo positivo para esperar, bem como algo para recordar.

Numa manhã de inverno no Village, passei por um portão de ferro na Hudson Street e entrei nos jardins da igreja de Saint Luke in the Fields. A neve estava derretendo sobre os canteiros de flores. "Por favor, respeite o santuário deste espaço", dizia uma placa coberta por videiras peladas. Os visitantes eram solicitados a não usar telefones celulares. Parei ao lado de um banco com uma pequena placa memorial e me curvei para ler o último verso de "Ode ao Vento Oeste", de Shelley – "Se o inverno chega, pode a primavera tardar?" – que ele escreveu num bosque que margeia o Arno, perto de Florença.

Minutos antes de meu primeiro encontro do dia, deixei o jardim e caminhei em direção à 10th Street, notando uma lata de cerveja vazia rolando sob um caminhão estacionado e escutando o repicar de sinos. Passei pelas portas vermelhas da livraria Three Lives & Company a caminho do Jack's Stir Brew Coffee.

As mesas de madeira do Jack's estão quase sempre ocupadas quando vou, o que é tranquilizador, já que significa que o lugar provavelmente ainda estará ali quando eu aparecer de novo. Pedi o de sempre: Dirty Harry com leite de amêndoas, que é basicamente um *vanilla latte*. É quente, mas nunca demais, imediatamente pronto para encontrar seus lábios.

Retornei à calçada, copo à mão. A cidade, minha cidade, foi vista pela primeira vez através de uma janela do banco de trás. Sur-

Ode ao West Village

giu do outro lado de um túnel longo, turvo, em lampejos passageiros de faróis, em teatros e restaurantes escurecidos. Agora eu a vejo a pé na primeira luz, a hora dos caminhões de entrega e dos passeadores de cachorro; quando um canteiro de obras treme para a vida com o lento balançar de um guindaste, em toda parte o esqueleto de um prédio ganhando sua pele.

Depois de admitir minha cidade como fato consumado, reclamando de seu ritmo, seus cheiros, seu barulho, sua gente, seus edifícios anônimos bloqueando o céu, estou tendo um romance com ela. Passo por passeadores de cachorro, pontes, caiaqueiros e casas flutuantes no Hudson, pelas ruas *wabi-sabi* e pelos degraus de entrada dos prédios, e sou grata por em menos de sessenta mil quilômetros quadrados a cidade proporcionar tanto uma solidão profunda quanto a melhor gente com que rompê-la.

William Whyte, o urbanista que passou mais de 16 anos caminhando pelas ruas de Nova York e estudando-as, disse certa vez que embora possamos dizer que gostaríamos de sair de tudo isso, no fim das contas gravitamos para os espaços animados, os lugares onde podemos ver uns aos outros. Vamos ali de bom grado, "não para escapar da cidade", disse ele, "mas para participar dela".

Enfiei a mão no bolso. O dia estava gélido, mas parecia haver um indício bem fraco de calor no ar, a promessa de uma nova estação. Algumas pessoas nascem sabendo como saborear. Outras aprendem. E elas podem transmitir isso, disse Bryant, de geração a geração.

Na West 4th Street, o sol derramou a hera sobre o tronco de uma árvore velha, encurvada. Mesas na calçada estavam sendo arrumadas com guardanapos dobrados, um sinal de primavera tão certeiro quanto o aparecimento de açafrões e toutinegras-de-

-pinheiro. Homens estavam despejando terra em vasos sobre os degraus da entrada dos prédios. Pássaros faziam uma alegre algazarra nos arbustos. E ali perto, as tulipas apontavam na Abingdon Square.

Todo dia, faço uma coreografia complexa em torno de pessoas, cães, sacos de lixo, ciclistas seguindo pelo caminho errado, sinais de trânsito com setas que dizem ONLY, rangendo quando balançam ao vento. Às vezes, caminho quarteirões, quilômetros até, sem prestar muita atenção. Mas então minha marcha diminui. Algo puxa meu braço e sussurra, *Olhe! Olhe. Há pedras nos ângulos sobre as portas da Paróquia do Anjo da Guarda. Há um Banksy pintado na Zabar's. Há cardeais de brinquedo amarrados como fitas vermelhas a galhos de árvore na Bank Street.*

E assim de repente, Manhattan me tem de novo.

Dicas e ferramentas para viajar sozinho

O que vem a seguir é para ajudar a dar a você uma noção do mundo de recursos que existe lá fora. Está longe de ser um guia abrangente, mas sim um ponto de partida: ideias para conhecer pessoas durante a viagem, rastrear os lugares por onde você está passeando, aprender uma língua, reservar uma mesa, relaxar, permanecer seguro e, é claro, retribuir. Adiante há vários aplicativos e sites na internet, bem como algumas informações gerais sobre viagem. Mas aplicativos, start-ups e até hotéis vêm e vão, e as leis do país estão em evolução, portanto é possível que algo aqui tenha mudado quando você ler. Dito isso, quando um aplicativo ou uma start-up desaparece, outra ferramenta potencialmente útil tende a aparecer em seu lugar. Para informações mais atualizadas, acompanhe-me em StephanieRosenbloom.com.

Hospede-se

Não existe padrão para viajar sozinho ou para estilo de hospedagem. Algumas pessoas querem uma casa na árvore; outras querem uma suíte de luxo. Há um bocado de informações on-line para quem viaja sozinho e pretende permutar casas (o *HomeEx-*

change é um dos maiores sites do mundo para essas trocas) ou está à procura de lugares baratos para ficar (o *Couchsurfing* é um nome estabelecido; o *Tentrr* oferece campings que podem ser reservados pela internet, enquanto o *Hipcamp* tem locais com alojamentos como tendas e iurtas), e é claro que existe o *Airbnb*. Os hotéis-cápsulas têm preços razoáveis também, assim como muitos *ryokans*, que oferecem tanto privacidade quanto comunidade.

Para quem procura hotéis mais sofisticados, na Europa muitos deles oferecem alojamentos para quem viaja sozinho, incluindo os lugares onde fiquei. Com frequência chamados de quartos para solteiro, eles são tipicamente menores do que os quartos padrão, mas são uma maneira de ficar em alguns dos lugares mais simpáticos por menos. Uma coisa para ter em mente: os hotéis nem sempre relacionam seus quartos para solteiro na seção Quartos e Suítes de seus sites na internet. Pode ser que você tenha que procurar numa data específica para ver preços e disponibilidade.

Mesmo que você escolha não ficar num quarto para "solteiro", os hotéis que os oferecem e os anunciam – como o Hôtel Parc Saint Séverin, que disse em seu site que seus quartos para solteiro são "ideais para sua estada solo em Paris", e o Savoy, que afirmou ter quartos "perfeitos para quem viaja sozinho" – enviam uma mensagem importante: aqueles que viajam sozinhos são bem-vindos.

Brinque

Anywhere Travel Guide. Provavelmente você não quer levar um baralho de cartas quando estiver caminhando, mas você pode dar uma olhada nele antes de sair pela porta. As sugestões que as cartas oferecem – "Guarde silêncio hoje... Note como isso muda sua impressão dos sons que o cercam", ou "Coma algo que você nunca provou" – são uma ótima maneira de começar a pensar sobre como você vê, experimenta e saboreia um lugar, até mesmo seu próprio quintal.

Tokaido. Esse jogo de tabuleiro, da empresa Funforge (funforge.fr), com sede em Paris, põe você no estado de espírito certo para viajar ao fazer você pensar sobre o que vê, come, dá e encontra pelo caminho. Um aplicativo permite jogar sozinho, com até quatro viajantes artificialmente inteligentes. É perfeito para longas paradas em escalas.

Duolingo. Esse site e aplicativo grátis (duolingo.com) transforma o aprendizado de uma língua num jogo de questões de múltipla escolha, com testes para encontrar a palavra correspondente e desafios de tradução de textos e falas. Se você responde corretamente, passa para o nível seguinte. É um aprendizado de língua que você pode ter em casa ou durante alguma coisa – esperando na fila da mercearia, no avião ou no horário do almoço. Quanto mais você aprende, mais moedas virtuais recebe, podendo usá-las para liberar lições bônus, como aprender a flertar em francês. Os testes são curtos e um pouco viciantes, que é exatamente o que você quer quando pratica uma língua. São disponibilizados cursos de espanhol, alemão, japonês, hebraico, francês, turco, italiano e outros. Se é uma maneira melhor de usar o tempo do que Candy Crush Saga? *Evet*, como se diz em turco.

BookCrossing.com. Uma excelente atividade solitária: "Esconda" um livro num parque ou numa rua da cidade para alguém encontrá-lo e aproveitá-lo. Entre no Book-Crossing (é grátis), que permite a você imprimir um rótulo, prendê-lo a seu livro, registrá-lo e rastreá-lo aonde ele for. "Pense nisso como um passaporte que permite a seu livro viajar pelo mundo sem se perder", diz o site. Deixe livros em sua cidade ou, como migalhas de pão, em lugares para onde você viaja. Quem sabe, talvez um dia você encontre algum – talvez algum que eu tenha deixado para você (Se você se sente atraído pelo acaso e pela delicadeza do BookCrossing, pode ser que também goste dos Boom Boom! Cards, cartões que instruem você a realizar um ato de bondade antes de passá-los para outra pessoa. Ou considere o *MoreLoveLetters.com*, que começou com uma mulher deixando cartas de incentivo a estranhos em Nova York. O site permite às pessoas requisitar cartas e se oferecer para enviar mensagens àquelas que poderiam usar um pequeno estímulo.)

Caminhe

O *LiveTrekker*, criado na França, é um aplicativo grátis para *flâneurs* com personalidades do tipo A. Vá em frente, passeie por onde quer que o dia o leve e o LiveTrekker (livetrekker.com) o acompanhará ao fundo, registrando a velocidade com que você caminha, traçando uma linha vermelha nas ruas que você percorre e nos jardins e museus que você visita, criando um mapa detalhado e ampliável (uma vista de satélite permite ver marcos como a Torre Eiffel). Você não precisa fazer nada nem estar conectado a wi-fi. Basta apertar o "start" antes de ir e o aplicativo cuida do resto. No fim do dia, você pode ver um belo mapa dos lugares exatos onde esteve. Pode até compartilhá-lo com todas as pessoas que gostariam que você as tivesse convidado para acompanhá-lo.

Detour. Essa empresa de guia em áudio (detour.com) oferece passeios a pé com preços acessíveis em cidades como Londres, Paris, Roma, Nova York, Nova Orleans, Portland e Savannah. Em Paris, por exemplo, você pode fazer um passeio em Saint-Germain chamado "The Golden Age of African-American Writers" ["A era de ouro dos escritores afro-americanos"], que segue os passos de Richard Wright e James Baldwin. Sem guia em áudio, mas você ainda quer alguma direção? Pode ser que queira dar uma olhada nos passeios a pé autoguiados de empresas como a *Country Walkers*, que incluem mapas, itinerários, transferência de bagagem, café da manhã e algumas outras refeições.

Google Maps. Quando você está em algum lugar desconhecido e quer encontrar um bom lugar para comer, toque o ícone "Explore" desse aplicativo, onde você pode escolher entre categorias como "almoço", "café", "jantar", "comida barata" e "locais favoráveis a vegetarianos". A navegação do mapa e as direções em tempo real são corretas, mas há também mapas off-line de muitas cidades para você não ter que aumentar muito o uso de dados de sua conta toda vez que precisar de direções.

Viajando para fora? Pode ser que você também queira adicionar o aplicativo *Google Translate* ao seu telefone. Ele me permitiu conversar com motoristas de táxi japoneses, ler placas de museus franceses e pedir o jantar em italiano. Pode ser usado de diversas maneiras. O método ao qual eu mais recorro envolve o ícone da câmera. Toque nele e segure seu telefone sobre o cardápio para ver uma tradução em realidade virtual, ou tire uma foto de qualquer que seja o texto que você estiver olhando e o aplicativo o traduzirá. Você pode obter traduções das palavras que fala, digita ou desenha com o dedo na tela de seu smartphone. O aplicativo também é capaz de traduzir enquanto duas pessoas conversam. Tudo isso, e de graça.

Conviva

Além de instigar conversas durante a viagem, há todo tipo de maneira de conhecer pessoas locais, bem como outras que viajam sozinhas. Algumas cidades têm programas de recepcionistas gratuitos, como o Brisbane Greeters na Austrália. A *Global Greeter Network* (globalgreeternetwork.info) inclui cidades como Nova York, Chicago, Tóquio, Buenos Aires, Nápoles e Haifa.

Querendo passear com outros que viajam sozinhos? A *Context Travel* (contexttravel.com) oferece passeios a pé privados ou em grupo (para no máximo sete pessoas) em mais de trinta cidades no mundo, conduzidos por estudiosos de níveis avançados. A *Overseas Adventure Travel* (oattravel.com) proporciona itinerários em grupo pequenos a viajantes com mais de cinquenta anos, e viu o número de pessoas que viajam sozinhas crescer rápido nos últimos anos – a empresa supõe que em breve metade de seus viajantes sejam pessoas sozinhas. Em 2016, a *Intrepid Travel* (intrepidtravel.com), com sede na Austrália, começou a oferecer passeios só para quem viaja sozinho. A popularidade da iniciativa levou a empresa a oferecer meia dúzia de partidas só para esse público para lugares como Bali e Marrocos em 2018. A *Road Scholar* (roadscholar.org) é especializada em viagens educacionais e oferece quarto próprio a quem viaja sozinho sem cobranças suplementares.

Se você não quer viajar com outras pessoas durante suas férias inteiras, pode ser que prefira passeios e experiências de um dia, que estão cada vez mais populares entre aqueles que viajam sozinhos. Sites na internet que oferecem atividades com pessoas locais ou guias vão e vêm. O *Toursbylocals.com* está aí desde 2008. O *MeetUp.com*, que foi vendido para o WeWork (veja a página 276), vem organizando atividades em grupo há mais de uma década, e é uma boa maneira de conhecer pessoas que compartilham seus interesses, seja para uma caminhada no campo ou para visitar museus. O *Airbnb* começou a oferecer o que chama de Experiences (airbnb.com/experiences) – passeios de um dia e workshops conduzidos por pessoas locais em diversos lugares do mundo (Havana, Nova Délhi, Tóquio, Londres), muitos deles por preços que não vão doer no bolso e disponíveis a qualquer pessoa, não apenas a viajantes que estão alugando suas casas. O *TripAdvisor* também entrou no jogo, oferecendo passeios e atividades que podem ser reservados em tripadvisor.com/attractions (o site da empresa também tem um fórum para viagens solo).

Dê uma olhada também em comunidades de viagens solo, como a *Solo Travel Society*, no Facebook, e o site relacionado, *Solo Traveler*, em solotravelerworld.com.

Coma

Se você quiser uma interrupção de suas férias sozinho para compartilhar uma refeição (e talvez aprender uma ou duas coisas sobre a culinária local), pode ser que queira considerar degustações e aulas de apreciação de vinho, aulas de culinária – em Paris você pode tê-las em escolas de chefes de cozinha como *Alain Ducasse* (ecolecuisine-alainducasse.com) – e passeios gastronômicos a pé, com paradas em mercados, padarias e confeitarias. Por exemplo, a *Paris by Mouth* (parisbymouth.com) oferece passeios com comida e vinho para grupos pequenos, tais como o "Taste of the Marais" e o "Taste of Saint-Germain". Se você prefere explorar mercados sozinho, o aplicativo *Marchés de Paris* (marchesdeparis.com/en) lhe permite pesquisar comida, flores, mercados das pulgas e mercados de aves na cidade. Você pode estreitar seus resultados por dia da semana e tipo de mercado (inclusive se é em área fechada ou ao ar livre e se tem comida orgânica) e ver quais são as frutas e legumes da temporada. Custo: 0,99 dólares.

Outra maneira de encontrar passeios a mercados e aulas, ou apenas alguém para compartilhar uma refeição, é por meio de aplicativos e sites par a par, que permitem marcar refeições com anfitriões locais em questão de minutos. Alguns anfitriões são até chefes de cozinha profissionais. O *Feastly* (eatfeastly.com), por exemplo, é inteiramente formado por eles. O *EatWith* (eatwith.com) oferece refeições em mais de duzentas cidades, incluindo São Francisco, Nova York, Tel Aviv, Roma e Barcelona. O *Withlocals* (withlocals.com) foca em comida e experiências culturais em lugares como Ásia (incluindo Camboja, Indonésia e Vietnã), Holanda, Espanha, Grécia, Inglaterra, Bélgica e Portugal. Outros exemplos incluem *Meal Sharing*, *VoulezVouzDîner* e *BonAppetour*. Pode ser que você também queira visitar as páginas de mídia social e blogs dessas empresas, porque podem ser fontes de inspiração e de informação sobre maneiras de conhecer pessoas. Também o *TripAdvisor*, em seu site, apresenta listagens de "food tours" [passeios gastronômicos] que podem ser reservados.

No caso de outros sites de compartilhamento entre pares, como o Airbnb, você se utiliza de avaliações de usuários e da página do perfil do anfitrião para informar sua escolha. Alguns anfitriões cozinham para duas ou três pessoas; outros para meia dúzia.

Portanto, você pode não comer apenas com o chefe de cozinha, mas talvez com o cônjuge dele, bem como com outros viajantes ou até pessoas locais dispostas a apreciar uma refeição feita em casa. Os preços variam muito, não apenas de cidade para cidade, mas também dentro das cidades. Você pode encontrar refeições por 35 ou 135 dólares, dependendo de fatores que incluem a comida servida, o local e a experiência do chefe.

Por mais amigáveis e geniais que esses sites pareçam, lembre-se que embora alguns verifiquem informações básicas (como nome, perfil na mídia social, endereço e informações sobre pagamento), geralmente eles não fazem verificações abrangentes dos antecedentes das pessoas cujas casas você está visitando. Portanto, leia com atenção as avaliações e qualquer informação biográfica que o anfitrião forneça. (Alguns podem oferecer links para seu trabalho culinário ou para suas redes sociais.) Pode ser que você consiga enviar uma mensagem para o chefe de cozinha ou anfitrião antes de reservar uma refeição para pedir mais informações e ter uma ideia sobre ele ou ela. Alguns sites, como o Feastly, não têm apenas refeições compartilhadas na casa do cozinheiro, oferecendo-as também em locais eventuais, fazendas e outros espaços grandes.

Prefere uma mesa para um? Um aplicativo de reserva como o *TheFork* (thefork.com, pertencente ao TripAdvisor), pode ajudar a fazer uma reserva desse tipo em lugares por toda a Europa (França, Itália, Espanha, Portugal, Holanda) quando você não fala a língua e não está se hospedando num hotel onde alguém pode lhe reservar uma mesa. Você também pode pesquisar cardápios, fotos e avaliações. Se o TheFork tem todos os melhores restaurantes? Não. Mas, como acontece com aplicativos de reserva populares nos EUA, como o *Resy* e o *OpenTable* (que tem muito poucos restaurantes em lugares como Paris, Florença e Istambul), ele tem algumas boas opções e é muito fácil de usar.

Relaxe

Se você pretende meditar, praticar estar no momento ou simplesmente relaxar quando estiver sozinho, esses aplicativos e sites na internet são uma maneira de seu smartphone poder realmente ajudar.

Insight Timer. Há muitos aplicativos de meditação bons, mas esse (insighttimer.com) é grátis, tem milhares de meditações guiadas e pode ser adaptado para você. Você pode marcar num cronômetro o tempo durante o qual quer meditar, acrescentar alguns sinos em intervalos de sua escolha, som ambiente e música – ou silêncio – e meditar por conta própria.

Calm. Esse aplicativo e site (calm.com) oferece diversas meditações guiadas, mas pode ser que você goste do Calm por causa dos vídeos e sons de natureza gratuitos – ondas na praia, chuva sobre folhas, fogo crepitando – que encobrem os ruídos de fundo em qualquer dia. Quando você está viajando sozinho ou trabalhando e precisa abafar o som das pessoas, essa é uma boa escolha para ter em seu arsenal.

Breathe 11:11. Às 11:11 em seu fuso horário local, esse aplicativo gratuito tocará e você receberá uma notificação em seu telefone que diz: "Respire. Deseje. Conecte-se." (Presumivelmente, assim como os outros que baixaram o aplicativo – você pode ver um mapa de calor dos lugares no mundo onde as pessoas o estão usando.) A ideia é incentivar a respiração consciente e o pensamento positivo, usar o momento para respirar fundo e lentamente pelo menos três vezes (Se 11:11 não for conveniente, você pode marcar o toque para outra hora. Pode também mudar a notificação para algo mais pessoal, se preferir.)

Productive. Esse aplicativo permite a você marcar lembretes ao longo do dia, da semana ou do mês para fazer coisas como respirar, escrever em seu diário, sair ao ar livre e até mesmo "falar com um estranho". De repente, um sininho e uma imagem em seu telefone farão você se lembrar de respirar, esticar-se ou praticar quaisquer que sejam os hábitos de seu aplicativo que você acrescentou. Você também pode escrever seu próprio hábito. Dessa maneira, mesmo que tenha apenas um minuto para si, você pode usá-lo de maneira significativa. Os usuários podem programar alguns hábitos sem ser cobrados por isso, mas se você quiser adicionar outros e receber lembretes programados e dados estatísticos semanais sobre como está se saindo, terá que fazer uma assinatura (aproximadamente quatro dólares por um mês; dez dólares por seis meses; vinte dólares por um ano). O Productive está longe de ser a única opção disponível, portanto certifique-se de verificar a concorrência, que inclui aplicativos como *HabitMinder* e *Habitica* (que transforma o estabelecimento de hábitos num jogo, dando a você recompensas, como animais de estimação virtuais), antes de decidir.

Headspace. É provável que o sotaque inglês reconfortante e a conduta afável de Andy Puddicombe levem até mesmo o mais reticente praticante de meditação a fazer uma segunda tentativa. O Headspace (headspace.com) inclui sessões curtas que tornam mais fácil encaixar a meditação em sua agenda. Há uma experiência de dez dias gratuita; depois disso, você paga pelo tipo de assinatura (aproximadamente 13 dólares por mês; 72 dólares por ano; ou 400 dólares pelo resto da vida).

Freedom. Está querendo entrar num estado de fluxo? O programa (freedom.to) bloqueará sites e aplicativos no smartphone, tablet e no computador, para você poder permanecer concentrado (aproximadamente 7 dólares por mês; 29 dólares por ano; 129 dólares para sempre.)

Coffitivity. Assim como o Calm, esse aplicativo e ferramenta de computador de mesa (siwalik.in/coffitivityoffline) propicia ruídos ambientes – neste caso, os sons de uma loja de café – que seus criadores dizem que ajudarão a impulsionar sua criatividade. Quer isso se prove verdade ou não, é mais uma alternativa agradável para ruídos de fundo. Você pode escolher entre trilhas sonoras como "murmúrio da manhã" e "vozes baixas de universidade", ou comprar ambientes de lojas de café "especiais" adicionais, como "Brazil Bistro" e "Texas Teahouse".

Pause. Os criadores desse aplicativo aparentemente simples dizem que ele usa princípios de tai chi para ajudar você a relaxar e concentrar sua atenção. Pense nisso como uma meditação guiada através de imagens, e não de uma voz. Ponha o dedo sobre uma bolha pequena e mova-a lentamente sobre a tela de seu smartphone. Mova-a delicadamente e a bolha crescerá enquanto seus ouvidos são banhados por som ambiente, canto de pássaros e o barulho de ondas quebrando. Mova rápido demais e o aplicativo (ustwo.com/work/pause-app) lhe dirá para ir mais devagar. Eu estava cética, mas trata-se de uma das poucas ferramentas digitais que em apenas um minuto me força com êxito a, bem, fazer uma pausa (aproximadamente 2 dólares).

Vídeos de ASMR. ASMR quer dizer algo que soa científico: Autonomous Sensory Meridian Response (Resposta Sensorial Autônoma do Meridiano). Para os não iniciados, é uma sensação de relaxamento, descrita com frequência como vibrações, que algumas pessoas adquirem quando escutam sons suaves, como sussurros e batidinhas leves, ou quando veem movimentos lentos e repetitivos como mãos se agitando. Às vezes esses vídeos assumem a forma de desempenho de um papel, em que o espectador recebe uma massagem virtual nos ombros ou é recebido num hotel de luxo. Pessoas do mundo inteiro fazem vídeos no YouTube gratuitos dessas induções destinadas a ajudar os outros a relaxar. Muitas pessoas usam os vídeos simplesmente para auxiliá-las a dormir. Procure ASMR no Google, escolha a categoria "vídeos" e você estará no caminho. Você também pode assistir e ouvir em outras línguas, como francês (experimente os canais do YouTube Made in France ASMR e Paris ASMR).

Esteja seguro

Algumas medidas preventivas e um pouco de bom senso podem ajudar muito a reduzir qualquer risco durante uma viagem.

Aprender as leis e os costumes de seu destino. Em travel.state.gov., o Departamento de Estado dos EUA oferece informações sobre normas culturais, leis, crimes, considerações sobre saúde, exigências de visto, localização de embaixadas e uso de drogas e álcool em muitos países. O site também tem dicas adicionais para tipos específicos de viajantes, incluindo mulheres, pessoas com deficiência e LGBTI.

O turismo de lésbicas, gays, bissexuais e transgêneros teve um aumento significativo nos últimos anos, de acordo com um relatório de 2017 da Organização Mundial de Turismo e da Gay & Lesbian Travel Association. Mas o relatório observa que ainda há dezenas de países onde a homossexualidade é criminalizada e, em alguns lugares, punível com morte. Vários sites na internet oferecem informações detalhadas, incluindo o da International Lesbian, Gay, Bisexual, Trans and Intersex Association (ILGA), que tem mapas indicando onde há leis de criminalização, proteção e reconhecimento. Você pode aprender mais em ilga.org/maps-sexual-orientation-laws. A *ManAboutWorld*, uma revista de viagem digital escrita por homens gays, tem um guia de segurança para LGBTQ em manaboutworld.com/lgbtqtravelsafety. Seus editores também observam que aplicativos de encontros podem ser úteis. O SCRUFF, por exemplo, tem o SCRUFF Venture (support.scruff.com), que permite aos usuários obter conselhos e recomendações de pessoas locais e de outros viajantes antes e durante uma viagem.

Registre-se para receber alertas de segurança. Se você é um cidadão dos Estados Unidos, uma das coisas mais fáceis que pode fazer é registrar sua viagem (de graça) no Smart Traveler Enrollment Program, conhecido como STEP. Ele permite aos cidadãos receber e-mails da embaixada mais próxima sobre condições de segurança no país de destino, para que você possa tomar decisões atualizadas sobre seus planos de viagem. Permite também que a embaixada ou o consulado, bem como os amigos e a família, entrem em contato com você numa emergência, seja esta um desastre natural ou um distúrbio civil. (Foi assim que recebi em tempo hábil e-mails com alertas de segurança para Istambul.) Você pode se registrar em step.state.gov/step. Além disso, procure saber o número de telefone e o endereço da embaixada mais próxima no país que for visitar. Anote-os antes da viagem, para o caso de uma emergência.

Sites de redes sociais também podem ser ferramentas essenciais. Seguir as contas certas no *Twitter* pode proporcionar as informações mais atualizadas, sejam elas sobre furacões (a conta do Serviço Nacional de Clima, da Administração Nacional Oceânica e Atmosférica, é @NWS) ou sobre saúde (a principal conta dos Centros para Controle e Prevenção de Doenças é @CDCgov). Quando estiver viajando, acompanhe as agências do governo e o órgão de turismo para permanecer em dia com as informações (você pode deixar de acompanhá-las quando voltar para casa). Mesmo que você não seja membro do Airbnb, pode ser útil seguir o @AirbnbHelp: durante emergências e desastres, como o terremoto no México em setembro de 2017, o Airbnb ajudou pessoas a encontrar acomodações temporárias como parte de seu programa de resposta a catástrofes.

Numa emergência como um terremoto ou um grande tiroteio, o Facebook ativa sua ferramenta Safety Check (facebook.com/about/crisisresponse), que permite aos usuários informar aos amigos e à família que eles estão seguros e verificar se outros também estão seguros.

Obter uma cobertura de saúde. Pode ser que seu seguro de saúde comum cubra parte da assistência se você estiver no exterior, mas procure sua seguradora antes de viajar, para ter certeza. Quando fiz isso, recebi respostas tão vagas que percebi que era melhor obter um seguro suplementar. Um seguro de remoção é especialmente importante para quem faz uma viagem de aventura, para pessoas com doenças preexistentes e para aqueles que viajam para lugares remotos. Poucas empresas de seguro de saúde pagarão por uma remoção médica para os Estados Unidos, que pode custar cinquenta mil dólares ou mais, de acordo com o Departamento de Estado. Uma pesquisa recente sobre uma participação de um ano num programa de transporte médico aéreo (com pelo menos cem mil dólares de cobertura para remoção) que incluiria repatriação para o hospital de minha escolha nos Estados Unidos, durante minhas viagens ao longo do ano, mostrou que isso custaria de 100 a 270 dólares. (Algumas apólices também incluíam remoção não médica para um lugar seguro em caso de distúrbio político ou civil durante a viagem.)

Sites para comparação de seguros de viagem, como o *Squaremouth* e o *InsureMyTrip*, permitem a você filtrar e comparar diferentes apólices de seguro de várias seguradoras para encontrar o melhor plano para suas necessidades específicas. O Squaremouth recomenda uma apólice com pelo menos cinquenta mil dólares em cobertura médica de emergência (reembolso do custo do tratamento durante uma viagem) para viagens internacionais e pelo menos cem mil dólares para cruzeiros ou viagens para lugares remotos. Uma apólice "primária", disse a empresa, permite a você passar ao largo de seu seguro de saúde e reivindicar diretamente através da apólice de seu seguro de viagem. (Uma apólice "secundária" pode ser menos custosa, mas acrescenta outro passo potencialmente demorado ao processo de reivindicação.) Em 2017, o Squaremouth disse que a apólice "primária" mais barata em seu site na internet para duas pessoas de cinquenta anos que fariam uma viagem de dez dias por estrada dentro do país era de 42 dólares – um preço baixo a ser pago para assegurar que você receba a assistência necessária.

Preste atenção no que você põe na internet. Se você está postando fotos de viagem e atualizações na mídia social, certifique-se de não estar compartilhando informações que possam pô-lo em risco. Se você registra sua chegada a algum lugar ou permite serviços de localização nas fotos de seu celular, está transmitindo sua localização e, possivelmente, tornando você ou sua casa um alvo.

Permaneça em contato. Embora você deva limitar o que posta publicamente, uma ideia inteligente é manter os amigos próximos e a família atualizados sobre onde você está e quando chegará. Mas seja cuidadoso ao decidir com quem compartilhará suas informações. Para essa finalidade, você pode manter contato através de um aplicativo de comunicação como o *WhatsApp*, que permite aos usuários evitar taxas de SMS usando apenas a conexão da internet pelo telefone para enviar mensagens ou fazer chamadas de voz e vídeo.

Faça sua pesquisa. Uma das alegrias de viajar é descobrir coisas no caminho. Mas quando se trata de logística, um pouco de dever de casa leve – sobre normas de vestuário e transportes, por exemplo – pode mantê-lo afastado de dores de cabeça e problemas. Por exemplo, familiarizar-se com as opções de transporte disponíveis num aeroporto específico pode contribuir para uma chegada mais tranquila e ajudar a assegurar que você não entre no carro de alguém que poderá tentar lhe cobrar mais do que você deveria estar pagando. Você também pode querer anotar o endereço de seu destino caso precise de direções, em particular se está indo para um país onde não fala a língua. Você pode achar que sua pronúncia é correta, mas às vezes olhar o endereço é mais fácil para a pessoa que está tentando ajudá-lo.

Trabalhe

Para aqueles momentos em que você precisa mais do que o ambiente de um café pode oferecer (como serviço de correio, um picotador de papéis ou uma cadeira ergonômica), existem espaços de *coworking* como o Coworkshop, em Paris, onde você pode trabalhar sozinho mas também se socializar ou colaborar com uma comunidade de empreendedores e freelancers.

O *WeWork* (wework.com) tem espaços de trabalho comunitários em Paris e em outras cidades do mundo, incluindo lugares como Estados Unidos, Canadá, Reino Unido, Alemanha, Israel e China. O registro mais barato no WeWork é o pacote "hot desk", que garante um espaço de trabalho em área comum em uma localização. (Pacotes com mesas designadas e escritório privado são mais caros.) O custo inclui facilidades como material de escritório, acesso a micro-ondas e geladeira e bebidas como café e chá.

Para verificar se há espaços de *coworking* em sua área, procure no Google "coworking" e o nome da cidade. Você pode fazer o mesmo se estiver interessado em explorar espaços de *cohousing* e *coliving*, alguns dos quais exercem a dupla função de incubadoras informais de empresas. Mas, recentemente, surgiu um novo tipo de empresa, criada para fornecer a nômades digitais – pessoas que optam por viajar o tempo todo e trabalhar remotamente – recursos para morar e trabalhar (wi-fi, cartões SIM locais) longe de casa. A *Unsettled* (beunsettled.co), por exemplo, é um desses negócios. Organiza retiros de *coworking* com um mês de duração e preços acessíveis, com espaços compartilhados e eventos (jantares e excursões em fins de semana), mas acomodações privadas em lugares como Colômbia, Peru, Marrocos, Argentina, Espanha, Bali, Portugal e África do Sul.

Dê

Ter tempo para si mesmo pode ser maravilhoso. Mas para algumas pessoas a solidão não é uma escolha. Outra maneira de passar o seu tempo sozinho? Ajude alguém.

Existem incontáveis maneiras de prestar assistência, incluindo passar algum tempo com pessoas que poderiam aproveitar um pouco de companhia. Por exemplo, no Reino Unido (onde em 2018 a primeira-ministra Theresa May nomeou uma ministra da solidão para ajudar a combater o problema), a instituição beneficente *Contact the Elderly* (contact-the-elderly.org.uk) organiza chás mensais gratuitos para pessoas de 75 anos ou mais que moram sozinhas. Você pode se oferecer para levar de carro os convidados a um evento e trazê-los de volta, ou para hospedar um deles. E a instituição beneficente *Age UK* (ageuk.org.uk) oferece "serviços de amizade" que formam duplas de voluntários e pessoas mais velhas que gostariam de companhia.

Uma maneira de encontrar oportunidades de ajudar em sua cidade é pesquisar sites na internet como o idealist.org. Quando digitei a palavra "companhia" sob "oportunidades de voluntário", por exemplo, um dos primeiros itens que apareceu foi um grupo que combina idosos isolados com voluntários que fazem visitas semanais. Geralmente, você também pode encontrar oportunidades como voluntário dando uma olhada no site do governo de sua cidade.

Outra maneira de dar é se envolver com o movimento de *placemaking*, que incentiva as pessoas a tornar seus espaços públicos locais convidativos e significativos organizando atividades como festas de quarteirão ou "porchfests",* montando postos para trocar livros gratuitamente, ajudando a criar arte pública e melhorando praças da comunidade. Você pode aprender mais em pps.org.

É claro que também há um número infinito de coisas simples e impulsivas que você pode fazer quando está sozinho, limitadas apenas por sua criatividade: pague o ingresso para a pessoa atrás de você, compartilhe seu guarda-chuva, segure a porta, dê flores, faça um elogio ou ajude alguém para que ele ou ela também possa aproveitar um pouquinho de tempo sozinho.

---

* Eventos musicais em que, em geral, os músicos se apresentam na varanda de uma casa ou prédio e o público põe cadeiras do lado de fora para assistir. (N. do T.)

Agradecimentos

Obrigada a Jay Mandel, meu agente na William Morris Endeavor, por acreditar em mim e nesse projeto, por suas indispensáveis orientação, paciência e ideias.

A Rick Kot e ao time dos sonhos da Viking: ainda não consigo acreditar na minha boa sorte. Rick é o tipo de editor que um escritor tem sorte por trabalhar com ele uma vez em sua carreira. Beneficiar-me de seu toque poético, de suas observações astutas e soluções elegantes num primeiro livro foi um presente inimaginável. Sou profundamente grata por sua sensibilidade, inteligência, humor e generosidade de espírito.

Obrigada ao presidente e publisher da Viking, Brian Tart, a Andrea Schulz, editora-chefe, e a Lindsay Prevette, diretora de publicidade, bem como aos designers, preparadores de originais, equipe de marketing e especialmente a Nayon Cho, Christina Caruccio e a minha agente publicitária e companheira que viaja sozinha, Brianna Linden. Um agradecimento especial a Diego Nunez por tamanha excelência.

Obrigada à equipe da WME, incluindo Janine Kamouh, e a Matilda Forbes Watson por conduzir com habilidade o livro pelo caminho. Lauren Shonkoff é uma profissional absoluta que fez uma novata se sentir à vontade. À equipe maravilhosa da Transworld Publishers, à Penguin Random House UK e em especial a minha atenta editora Andrea Henry e a meu agente publicitário, Hayley Barnes, cuja criatividade, trabalho duro e entusiasmo foram palpáveis embora eles estivessem a milhares de quilômetros de distância.

No *New York Times*, Monica Drake, chefe da seção Viagem é uma gerente tão inteligente e perceptiva quanto se poderia esperar. Este livro foi terminado graças a sua generosidade, não apenas por me dar tempo para viajar e escrevê-lo, mas por seu pleno apoio.

Suzanne MacNeille me deu Paris – embora até Paris pareça menos importante perto do que ela me dá todos os dias como minha editora em Viagem: incentivo, ideias brilhantes, livros e uma amizade que atravessa as estações. As histórias – não apenas as minhas – se tornam melhores com seu ouvido finamente sintonizado e seu conhecimento de lugares próximos e distantes. Este livro existe em boa parte por causa dela.

Obrigada a Neil Amdur, que há 18 anos abriu-me a porta para o *Times*, e a Dean Baquet, Jill Abramson e Arthur Sulzberger, Jr. e A.G. Sulzberger, que a mantiveram aberta. Sou profundamente grata a todos os editores que tive ali.

Trish Hall foi uma das primeiras, e desde então tem sido uma mentora, modelo, força criativa e voz sábia na outra extremidade da linha, para mim e para incontáveis jornalistas. Um agradecimento especial a ela e a Larry Wolhandler pela cordialidade, amizade e pela casa junto à baía.

Sou grata a Jerry Gray, Joseph Berger, Bill Brink, Mark Prendergast, Jeff Rubin, Trip Gabriel, Glenn Kramon, Bill Goss, Stuart Emmrich, Erika Sommer e George Gustines por me darem oportunidades iniciais. Obrigada a Danielle Mattoon, Rick Berke e Adam Bryant por meu cartão de embarque para a seção Viagem e a meus colegas ali – Steve Reddicliffe, Dan Saltzstein, Lynda Richardson, John Dorman, Phaedra Brown e Rodrigo Honeywell – que tornam o trabalho divertido (como fazia Seth Kugel). Obrigada aos editores da editoria de features com os quais aprendi muito. Obrigada a Phil Corbett e Ron Lieber por conselhos de livro e vida; e a Tony Cenicola, por cuidar de minha aparência.

Sou grata aos estudiosos cujos trabalhos enriquecem estas páginas.

A pesquisa inovadora de Fred Bryant sobre saborear é superada apenas por suas belas histórias sobre a prática disso. Falar com ele foi uma das partes mais prazerosas e significativas da reportagem deste livro.

Bella DePaulo, cujas pesquisas, livros e artigos sobre a vida de solteiro estão há muito tempo à frente de seu tempo, foi uma fonte essencial e inspiradora. Ela não poderia ter sido mais generosa com estudos, ligações e conduções.

Elizabeth Dunn é uma importante pesquisadora de felicidade, autora, professora e aventureira – e ainda assim, de algum modo, achou tempo para responder a minhas perguntas sobre seu trabalho mais recente e fascinante.

Obrigada a John Haskins, que me ensinou a voar sozinha, mas sempre assegurou que a maior diversão é quando estamos juntos. E a meu querido amigo Rusty O'Kelley, por seus insights e sua generosidade (incluindo compartilhar John).

Merci a David e Susan Liederman, que, desde que nos conhecemos num restaurante no 7º *arrondissement*, vêm compartilhando suas histórias encantadoras e sua expertise em comida, vinho e França, mas, o que é mais importante, sua amizade.

Tim Ferriss me deu conselhos iniciais inestimáveis sobre escrever um livro (e sobre praticamente tudo o mais). Pauline Frommer tem sido há muito tempo uma inspiração, e sou grata por seu tempo e suas considerações. Carol Gillott me mostrou sua Paris, transmitindo seu conhecimento sobre queijos e éclairs. Don Frantz me mostrou as alegrias de se perder. Vivian Toy me manteve sã e me supriu de chocolate. Rachel Brodie se sentou comigo, às vezes na Costa Leste, às vezes na Oeste, instigando conversas essenciais, seguidas de cartões-postais e pacotes de inspiração.

Muito obrigada aos amigos que contribuíram com conselhos, fizeram recomendações ou emprestaram um ouvido, em especial Guy Trebay, Charlie Herman, John Dietrich, Chris Widney, Catherine Saint Louis, Natasha Singer, Simone Oliver, Lisa Perriera, Jacob Bernstein, Jad Mouawad, Alexandra Jacobs, Steve Berman, Michele Sacharow, Shannon Bell, Chris White, Jonathan Fuchs, Larry Rand, Nathan Englander, Rachel Silver, MaMerle e a equipe do Thanksgiving, Peter e a turma da Ramah. Obrigada a Allen Salkin e Kiri Tannenbaum por darem incentivo, ânimo e um quarto na praia durante meus anos de formação.

Minha família – Adam da Costa Leste, Adam da Costa Oeste, Keren, Ella, Sophia, Ariella, Doug, Jessica, Ben, Catherine, Joe, Erica e os Rosenbloom – me dá tanto amor que nunca me sinto sozinha, mesmo quando estou.

Por falar em amor:

A meu pai, que me ensinou sobre arquitetura.

A minha mãe, que me ensinou sobre livros.

E a meu marido, Daniel – que me ensinou a saborear.

Notas

Introdução: bruxos e xamãs

11. **"Tempo em que está acordado"**: Mihaly Csikszentmihalyi, *Flow: The Psychology of Optimal Experience* (Nova York: livros eletrônicos da HarperCollins, 1990).
12. **De hoje até 2030**: "Households in 2030: Rise of the Singletons", Euromonitor International, 20 de março de 2017.
12. **Mais viajantes sozinhos do que nunca**: Airbnb, "Flying Solo: Trending Destinations & Experiences for Solo Travelers", 22 de junho de 2017, https://press.atairbnb.com/flying-solo-trending-destinations-experiences-solo-travelers/.
12. **Primeiros roteiros apenas para sozinhos**: troca de e-mails da empresa com a autora, 11 de dezembro de 2017.
12. **De viagem do mundo, a MMGY Global**: MMGY Global Portrait of American Travelers, 2016-17, https:// www.mmgyglobal.com/services/research/portrait-of-american-travelers.
13. **Completamente sozinho às vezes**: Mary Madden e Lee Rainie, "Americans' Views About Data Collection and Security", Pew Research Center, 20 de maio de 2015, http://www.pewinternet.org/2015/05/20/americans-views-about-data-collection-and-security/.
13. **Mas também sozinhas**: pesquisa Euromonitor International Global Consumer Trends, 2015, https://blog.euromonitor.com 2016/02/top-6-insights-from-the-2015-global-consumer-trends-survey.html.

13. **Para acompanhá-los:** Rebecca K. Ratner e Rebecca W. Hamilton, "Inhibited from Bowling Alone", *Journal of Consumer Research* 42, n⁰ 2 (agosto de 2015): 266-83.
14. **"Apenas bruxos e xamãs":** Csikszentmihalyi, *Flow*.
14. **Durante quinze minutos:** Timothy D. Wilson, David A. Reinhard, Erin C. Westgate et al., "Just Think: The Challenges of the Disengaged Mind", *Science* 345, n⁰ 6192 (julho de 2014): 75-77.
14. **Vidas felizes, saudáveis:** Robert Waldinger, "What Makes a Good Life? Lessons from the Longest Study on Happiness", TEDxBeaconStreet, novembro de 2015, https://www.ted.com/talks/robert_waldinger_what_makes_a_good_life_lessons_from_the_longest_study_on_happiness.
14. **"Três para a sociedade":** Henry David Thoreau, *Walden or, Life in the Woods* (Walden Pond, Massachusetts: Internet Bookmobile, 2004; originalmente publicado em 1854).
15. **Revista *Life* em 1953:** "Audrey Hepburn: Many-Sided Charmer", revista *Life*, 7 de dezembro de 1953.
15. **20 mil quilômetros sozinha em 1973:** Chloé, "Hit the Road – Around the World with French Explorer Anne France Dautheville", https:// www.chloe.com/experience/us/chloegirls/hit-the-road/.
16. **Até os 84 anos:** Gina Kolata, "Dr. Barbara McClintock, 90, Gene Research Pioneer, Dies", *New York Times*, 4 de setembro de 1992.
16. ***A conexão com o eu***: Anthony Storr, *Solitude: A Return to the Self* (Nova York: Free Press, 1988).
16. **"Interessa em exibir":** Isaac Asimov, "Isaac Asimov Asks, 'How Do People Get New Ideas?'", *MIT Technology Review*, publicado com permissão da Asimov Holdings, 20 de outubro de 2014.
16. **Passar para a posteridade:** Telegrama especial para o *New York Times*, "$100,000 in Pictures Destroyed by Monet", *New York Times*, 16 de maio de 1908.
16. **No rio Arno:** Michael Kimmelman, "Robert Rauschenberg, American Artist, Dies at 82", *New York Times*, 14 de maio de 2008.

17. **"Serenos quando desejado"**: Thuy-vy T. Nguyen, Richard M. Ryan e Edward L. Deci, "Solitude as an Approach to Affective Self-Regulation", *Personality and Social Psychology Bulletin* 44, nº 1 (outubro de 2017): 92-106. Também: University of Rochester NewsCenter, Rochester.edu.

17. **"Inventário moral"**: Alan Westin, *Privacy and Freedom* (Nova York: IG Publishing, Association of the Bar of the City of New York, 1967).

17. ***Research in Personality***: Jerry M. Burger, "Individual Differences in Preference for Solitude", *Journal of Research in Personality* 29, nº 1 (março de 1995): 85-108.

17. **"Ter o tempo sozinho"**: Bill Clinton, *My Life* (Nova York: Vintage Books, 2005).

18. **Poderosas ou pessoas de fora**: John D. Barbour, "A View from Religious Studies: Solitude and Spirituality", em *The Handbook of Solitude: Psychological Perspectives on Social Isolation, Social Withdrawal, and Being Alone*, orgs. Robert J. Coplan e Julie C. Bowker (West Sussex, Reino Unido: John Wiley & Sons, 2014).

18. **Inútil (e com frequência errada)**: Burger, "Individual Differences".

18. **Egoístas e desprendidas**: Abraham H. Maslow, *Toward a Psychology of Being* (Jersey City, Nova Jersey: Start Publishing, 2012).

19. **Solidão pode oferecer**: Burger, "Individual Differences".

19. **Afastamento e o estado meditativo**: Maslow, *Toward a Psychology of Being*.

19. **Se isso é voluntário ou não**: Nguyen, Ryan e Deci, "Solitude as an Approach to Affective Self-Regulation".

19. **Exercer um papel**: Kenneth H. Rubin, "Foreword: On Solitude, Withdrawal, and Social Isolation", em *The Handbook of Solitude: Psychological Perspectives on Social Isolation, Social Withdrawal, and Being Alone*, orgs. Robert J. Coplan e Julie C. Bowker (West Sussex, Reino Unido: John Wiley & Sons, 2014).

19. **Solidão e a solidão excessiva**: James R. Averill e Louise Sundararajan, "Experiences of Solitude: Issues of Assessment, Theory, and Culture", em *The Handbook of Solitude: Psychological Perspectives on Social Isolation, So-*

cial Withdrawal, and Being Alone, orgs. Robert J. Coplan e Julie C. Bowker (West Sussex, Reino Unido: John Wiley & Sons, 2014).

20. **"Viagem solitária em Gales"**: Charles Darwin, "This Is the Question Marry Not Marry", em *The Complete Work of Charles Darwin Online*, org. John van Wyhe, 2002, http://darwin-online.org.uk/.

20. **"Um bocado de solidão"**: Charles Darwin, "Letter nº 489", Darwin Correspondence Project, acessado em 3 de março de 2018, http:// www.darwinproject.ac.uk/DCP-LETT-489.xml.

20. **Seis horas por dia**: English Heritage, "Description of Down House", http://www.english-heritage.org.uk/visit/places/home-of-charles- darwin-down-house/history/description/.

20. **Resolver um problema**: Sir Hedley Atkins, *Down: The Home of the Darwins; The Story of a House and the People Who Lived There* (Londres: Phillimore for the Royal College of Surgeons of England, 1976).

21. **Aqui e agora**: Charles Baudelaire, *The Painter of Modern Life and Other Essays*, org. e trad. Jonathan Mayne (Londres: Phaidon Press, 1964).

22. **"Esse estar com tudo"**: Rainer Maria Rilke, *Letters of Rainer Maria Rilke, 1892–1910*, trad. Jane Bannard Greene e M.D. Herter Norton (Nova York: W.W. Norton, 1945).

22. **"Vivê-la"**: John Russell, *Paris* (Nova York: Harry N. Abrams, Inc., Publishers, 1983).

24. **Limitadores ou totalmente doentios**: Storr, *Solitude*.

24. **"Coração de uma multidão"**: Baudelaire, *Painter of Modern Life*.

24. **"Encantado *flâneur*", em *Horas italianas***: Henry James, *Italian Hours* (Boston e Nova York: Houghton Mifflin, 1909).

24. **Morando em Paris**: Julia Child com Alex Prud'homme, *My Life in France* (Nova York: Alfred A. Knopf, 2006).

Café et Pluie ~ Café e chuva

31. **"Alma esteja perdida"**: Eleanor Clark, *The Oysters of Locmariaquer* (Nova York: Harper Perennial, 2006).

Notas

33. **Rua dos escritores**: Marquis de Rochegude, *Promenades dans toutes les rues de Paris: 5e Arrondissement* (Arquivo na internet, Paris: Hachette, 1910), https://archive.org/stream/promenadesdansto05rochuoft#page/n5/mode/2up.
33. **Apartamento ali nos anos 1700**: Denis Diderot, *Oeuvres de Diderot*, vol. 1 (Paris: Paulin, 1843).
34. **Fim do século XV**: Michel Poisson, *Paris Buildings and Monuments: An Illustrated Guide with Over 850 Drawings and Neighborhood Maps* (Nova York: Harry N. Abrams, Inc., Publishers, 1999).
34. **No que é agora a Turquia**: Anastasia Loukaitou-Sideris e Renia Ehrenfeucht, *Sidewalks: Conflict and Negotiation over Public Space* (Cambridge, Massachusetts: MIT Press, 2009).
35. **Pântanos de Guérande**: Poilâne Bakery, http://laboiteny.com/poilane-bakery.
35. **(Esculturas de pão da Poilâne)**: Meg Bortin, "Apollonia Poilâne Builds on Her Family's Legacy", *New York Times*, 18 de junho de 2008.
36. **Rue de Buci**: Les Deux Magots, http://www.lesdeuxmagots.fr/en/history-restaurant-paris.html.
36. **"Pão com outro"**: Oxford University Press, "Companion", https://en.oxforddictionaries.com/definition/companion.
36. **Que "enfatiza estar junto"**: Unesco Intangible Cultural Heritage of Humanity List, "Gastronomic Meal of the French", https://ich.unesco.org/en/RL/gastronomic-meal-of-the-french-00437.
38. **"Prazeres do momento"**: Fred B. Bryant e Joseph Veroff, *Savoring: A New Model of Positive Experience* (Mahwah, Nova Jersey: Lawrence Erlbaum Associates, 2007).
38. **"Assar a fornada"**: Poilâne, "Discover Our Universe", https://www.poilane.com/en_US/page/about.
38. **Pontas dos dedos**: "PARIS Lionel Poilâne THE BAKER", CBS Sunday Morning, vídeo, 3:59, 7 de junho de 2010, YouTube, https://www.youtu.becom/WY OOyNZ5axs.
39. **Prato de *sole meunière***: Child, *My Life in France*.

39. **Mordida ou gole**: Clark, *Oysters of Locmariaquer.*
39. **"Subitamente do forno"**: Jean-Paul Aron, *The Art of Eating in France: Manners and Menus in the Nineteenth Century*, trad. Nina Rootes (Nova York: Harper & Row, 1975).
40. **"Culpa e vergonha"**: Sonja Lyubomirsky, *The How of Happiness: A Scientific Approach to Getting the Life You Want* (Nova York: Penguin Press, 2008).
40. **Daniel T. Gilbert, psicólogo**: Matthew A. Killingsworth e Daniel T. Gilbert, "A Wandering Mind Is an Unhappy Mind", *Science* 330, n⁰ 6006 (novembro de 2010): 932.
41. **Você está no presente**: Steve Bradt, "Wandering Mind Not a Happy Mind", *Harvard Gazette*, 11 de novembro de 2010.
41. **Conferência do TEDxCambridge**: Matt Killingsworth, "Want to Be Happier? Stay in the Moment", TEDxCambridge, novembro de 2011, https://www.ted.com/talks/matt_killingsworth_want_to_be_happier_stay_in_the_moment.
44. **Esposa em 1902**: Rilke, *Letters.*
46. **Pijama, bebendo champagne**: Luke Barr, *Provence, 1970: M.F.K. Fisher, Julia Child, James Beard, and the Reinvention of American Taste* (Nova York: Clarkson Potter, 2013).
46. **Em seu quarto de hotel**: James Beard, *The Armchair James Beard* (Nova York: Open Road Integrated Media, 2015).

La Vie est Trop Courte Pour Boire du Mauvais Vin ~ A vida é curta demais para beber vinho ruim

49. **"Você a faz por si só"**: Diana Vreeland, *Diana Vreeland: The Eye Has to Travel*, dirigido por Lisa Immordino Vreeland, Bent-Jorgen Perlmutt e Frédéric Tcheng, 2011.
50. **"Céu", escreveu ele**: Thich Nhat Hanh, *Peace Is Every Step: The Path of Mindfulness in Everyday Life* (Nova York: Bantam Books, 1991).
51. **Empresa de pesquisa de mercado**: The NPD Group/National Eating Trends, "Consumers Are Alone Over Half of Eating Occasions as a Re-

sult of Changing Lifestyles and More Single-Person Households, Reports NPD", 6 de agosto de 2014, https://www.npd.com/wps/portal/npd/us/news/press-releases/consumers-are-alone-over-half-of-eating-occasions-as-a-result-of-changing-lifestyles-and-more-single-person-households-reports-npd/.

51. **"É quase moda"**: Stephen Dutton, "South Korea Sets the Standard for Global Solo Dining Trends", *Euromonitor International*, 12 de agosto de 2016.

51. **"Lanchificação de refeições"**: "Evolving Trend in Eating Occassions: 'All by Myself,'" Hartman Group, 19 de abril de 2016.

52. **Cooperação e Desenvolvimento Econômico**: Sophie Hardach, "Sleeping and Eating – the French Do It Best", *Reuters*, 4 de maio de 2009.

52. **"Pelo teatro"**: Alice B. Toklas, *The Alice B. Toklas Cook Book* (Nova York: Harper Perennial, 2010).

52. **Não na hora da refeição**: Nathaniel Hawthorne, "Concord, May 29th, 1844", *Love Letters of Nathaniel Hawthorne, Volume 2 of 2* (Project Gutenberg, 2012; publicado originalmente em 1907).

52. **"Recusa-se a comer sozinho"**: Barrett McGurn, "Pope John's First Year – II: He Shatters Tradition, Refuses to Dine Alone", *Daily Boston Globe*, 20 de outubro de 1959, 25.

53. **Não um "com"**: Erving Goffman, *Relations in Public: Microstudies of the Public Order* (New Brunswick, Nova Jersey: Transactions Publishers, 2010).

54. ***Personality and Social Psychology***: Thomas D. Gilovich, Victoria Husted Medvec e Kenneth Savitsky, "The Spotlight Effect in Social Judgment: An Egocentric Bias in Estimates of the Salience of One's Own Actions and Appearance", *Journal of Personality and Social Psychology* 78, nº 2 (2000): 211-22.

55. **Busca de respostas**: Bella DePaulo, "Single in a Society Preoccupied with Couples", em *The Handbook of Solitude: Psychological Perspectives on Social Isolation, Social Withdrawal, and Being Alone*, orgs. Robert J. Coplan e Julie C. Bowker (West Sussex, Reino Unido: John Wiley & Sons, 2014).

57. **Apenas em solenidades**: Aron, *Art of Eating in France*.
59. **Um teto todo seu:** Virginia Woolf, *A Room of One's Own* (Nova York e Burlingame, Califórnia: Harcourt, Brace & World, 1929 e 1957).
59. *New York Times*: "Women's Right to Eat Alone: Republican Club Members Vote for It, but Oppose Sunday Opening", *New York Times*, 12 de fevereiro de 1908.
59. **"Experiência com essa situação"**: Craig Claiborne, "Dining Alone Can Pose Problem for a Woman", *New York Times*, 16 de junho de 1964.
60. **"Entrar num restaurante"**: Deborah Harkins, "The City Politic: Sex and the City Council", revista *New York*, 27 de abril de 1970.
60. **Parceira, Jill Ward**: Voices of Feminism Oral History Project, Sophia Smith Collection, Smith College, Northampton, Massachusetts. Dolores Alexander entrevistada por Kelly Anderson, 20 de março de 2004 e 22 de outubro de 2005, Southold, Nova York.
60. **Revista *People* em 1975**: Jim Jerome, "Feminists Hail a Restaurant Where the Piece de Resistance Is an Attitude, Not a Dish", *People Magazine* 3, nº 21 (2 de junho de 1975).
60. **Os prazeres**: M.F.K. Fisher, *Gourmet*, 1948.
60. **À "Ceia Sozinha"**: Marion Cunningham, *Marion Cunningham's Good Eating: The Breakfast Book; The Supper Book* (Nova York: Wings Books, 1999).
61. **"Lendo um livro"**: "Fran Lebowitz: By the Book", *New York Times*, 21 de março de 2017.
61. **Empresa on-line de reservas em restaurantes**: Caroline Potter, "You're Not Alone: OpenTable Study Reveals Rise in Solo Dining, Names Top Restaurants for Solo Diners", *OpenTable*, 7 de outubro de 2015.
61. **Partes da Ásia também**: AFP Relaxnews, "Table for one: Solo dining trend is rising in Europe", *Inquirer.net*, 4 de maio de 2017.
62. **Constatou a Euromonitor**: Daphne Kasriel-Alexander, "Top 10 Global Consumer Trends for 2017", *Euromonitor International*.
62. **Cheiro da comida**: "Testing Out Ichiran Ramen's 'Flavor Concentration Booths' – NYC Dining Spotlight, Episode 12", ZAGAT, vídeo, 4:37,

22 de novembro de 2016, YouTube, https://www.youtube.com/Bxd-MZ7Co03s.

62. **Animado com o conceito**: Andy Warhol, *The Philosophy of Andy Warhol: From A to B and Back Again* (Nova York: Harcourt, 1977).
62. **Propício a saborear**: Dutton, "South Korea Sets the Standard."
63. **"Não veio"**: Frank H Stauffer na *Epoch*, "Stories About Musicians: Haydn Ate a Dinner for Five – Paesiello's Best Music Was Written in Bed", *Boston Daily Globe*, 5 de outubro de 1889.
63. **"Companhias habituais à mesa"**: A.J. Liebling, *Between Meals: An Appetite for Paris* (Nova York: North Point Press, 1986).

Piquenique para um nos Jardins de Luxemburgo

65. **"Lugar para se acomodar"**: Beard, *The Armchair James Beard*.
68. **Explicou Aron**: Aron, *Art of Eating in France*.
69. **Sua Florença nativa**: site na internet Paris Tourism, https://en.parisinfo.com/paris-museum-monument/71393/Jardin-du-Luxembourg.
69. **Associadas a nós mesmos**: John T. Jones, Brett W. Pelham, Mauricio Carvallo e Matthew C. Mirenberg, "How Do I Love Thee? Let Me Count the Js: Implicit Egotism and Interpersonal Attraction", *Journal of Personality and Social Psychology* 87, nº 5 (novembro de 2004): 665-83.
70. **Chama de "superencontradores"**: Sanda Erdelez, "Information Encountering: A Conceptual Framework for Accidental Information Discovery", ISIC '96 Proceedings of an international conference on Information seeking in context, Taylor Graham Publishing, 412-21.
70. **Desempenhou em suas descobertas**: Pagan Kennedy, "How to Cultivate the Art of Serendipity", *New York Times*, 2 de janeiro de 2016.
70. **À mão**: "History Timeline: Post-it Notes", About Us, 3M Corporation, acessado em 7 de março de 2018, https://www.post-it.com/3M/en_US/post-it/contact-us /about-us/.

71. **Etimologia da palavra**: Robert K. Merton e Elinor Barber, *The Travels and Adventures of Serendipity* (Princeton, Nova Jersey: Princeton University Press, 2004).
73. "**Fundo no fluxo**": Woolf, *A Room of One's Own*.

Sobre ostras e Chablis

75. "**Nunca dá muito certo**": Molly O'Neill, "Savoring the World According to Julia", *New York Times*, 11 de outubro de 1989.
75. "**Esplendor e majestade**": Baudelaire, *Painter of Modern Life*.
77. "**Espécie de revolução espiritual**": Craig Claiborne, "A Young American's Palate Gets an Education at Troisgros", *New York Times*, 12 de fevereiro de 1975.
81. "**Uma taça de vinho**": "Les Éditeurs", *TimeOut Paris*, 16 de agosto de 2013, https://www.timeout.com/paris/en/restaurants/les-editeurs.
83. **Na rue Montorgueil**: site da Stohrer na internet, http://stohrer.fr/.
85. **Diante de um sapo**: Casey Baseel, "Sanrio's Kero Kero Keroppi Hops Into Restaurant Biz with Character Cafe in Japan!", *SoraNews24*, 25 de abril de 2017.
85. **Quando estava no La Closerie**: "Hemingway's Paris", *New York Times*, 2006,http://www.nytimes.com/fodors/top/features/travel/destinations/europe/france/paris/fdrs_feat_117_11.html.
87. "**Apreciar uma ostra**": Clark, *Oysters of Locmariaquer*.

Musée de la Vie Romantique

91. "**Artistas originais existem...** ": Marcel Proust, *Remembrance of Things Past* (Nova York: Random House, 1949), https://archive.org/details/ost-english- remembranceofthi029925mbp.
92. **Duke Ellington tocavam**: site na internet Paris Tourism, "Paris: the plaque in memory of Gainsbourg unveiled by Jane and Charlotte", *Le Parisien*, 10 de março de 2016. Michael Dregni, *Django: The Life and Music of a Gypsy Legend* (Nova York: Oxford University Press, 2004).

92. **Perguntou-se ele em seu diário**: Hubert Wellington, *The Journal of Eugene Delacroix* (Londres: Phaidon Press, 1995).
93. **Aqueles que o percorreram sozinhos**: Martin Tröndle, Stephanie Wintzerith, Roland Wäspe e Wolfgang Tschacher, "A Museum for the Twenty-first Century: The Influence of 'Sociality' on Art Reception in Museum Space", *Museum Management and Curatorship*, fevereiro de 2012.
94. **Só que de maneiras diferentes**: Jan Packer e Roy Ballantyne, "Solitary vs. Shared Learning: Exploring the Social Dimension of Museum Learning", *Curator: The Museum Journal* 48, nº 2 (2005).
95. **Drake ou Debussy**: Stephanie Rosenbloom, "The Art of Slowing Down in a Museum", *New York Times*, 9 de outubro de 2014.
97. *Environment and Behavior*: Stephen Kaplan, Lisa V. Bardwell e Deborah B. Slakter, "The Museum as a Restorative Environment", *Environment and Behavior* 25, nº 6 (1º de novembro de 1993): 725-42.
98. **"Tranquilidade e liberdade pessoal"**: Stéphane Debenedetti, "Investigating the Role of Companions in the Art Museum Experience", *International Journal of Arts Management* 5, nº 3 (Primavera de 2003).
98. **Não tinham muitos amigos**: Ratner e Hamilton, "Inhibited from Bowling Alone".
99. **"Visitar um amigo"**: John Steinbeck, *Travels with Charley: In Search of America* (Nova York: Penguin Books, 1980).
100. **Na verdade, são poucas**: site na internet Paris Tourism.
102. **Um lugar mais íntimo**: o Parc Monceau: Marcel Proust, *Swann's Way: Remembrance of Things Past*, vol. 1, trad. C.K. Scott Moncrieff (Nova York: Henry Holt, 1922).
102. **Atraiu famílias de banqueiros**: site na internet The Parc Monceau, http://madparis.fr/en/museums/musee-nissim-de-camondo/the-mansion-and-the-collections/the-parc-monceau.
102. **Bancos do Império Otomano**: site na internet Les Arts Décoratifs, http://www.lesartsdecoratifs.fr/en/museums/musee-nissim-de-camondo/.

103. **Do que na escrivaninha**: Mervyn Rothstein, "A Parisian Trip to the 1700's", *New York Times*, 20 de janeiro de 1991.
104. **"Ideia de felicidade perfeita"**: Camille Claudel, "Confessions. An Album to Record Opinions, Thoughts, Feelings, Ideas, Peculiarities, Impressions, Characteristics", 16 de maio de 1888, http://www.musee- rodin.fr/en/collections/archives/confessions.
104. **"A Plaine Monceau"**: Emile Zola, *Nana, The Miller's Daughter, Captain Burle, Death of Olivier Becaille* (Project Gutenberg, 2006; publicado originalmente em 1941).
104. **"Um dos recantos mais bonitos de Paris"**: Henry James, *The American*, produzido por Pauline J. Iacono, John Hamm e David Widger, 1877.
104. **"Algo bom de comer"**: Colette, "Claudine in Paris", em *Colette: The Complete Claudine*, trad. Antonia White (Nova York: Farrar, Straus and Giroux, 1976).
104. **Murillo, Parc Monceau**: George Sand e Gustave Flaubert, *The George Sand-Gustave Flaubert Letters*, trad. A.L. McKenzie (Project Gutenberg, 2004; publicado originalmente em 1921).
105. **Explicou certa vez**: Gustave Caillebotte, catálogo da Sotheby's, "Le Parc Monceau, Impressionist and Modern Art Evening Sale", Londres, 5 de fevereiro de 2013, http://www.sothebys.com/en/auctions/ecatalogue/2013/impressionist-modern-art-evening-sale-l13002/lot.32.html.
105. **Tentativa se provou fatal**: S.L. Kotar e J.E. Gessler, *Ballooning: A History, 1782–1900* (Jefferson, Carolina do Norte: McFarland, 2011).
106. **Contornando as convenções vitorianas**: Alexandra Lapierre e Christel Mouchard, *Women Travelers: A Century of Trailblazing Adventures, 1850-1950*, trad. Deke Dusinberre (Paris: Flammarion, 2007).
106. **Quando ela tinha quarenta anos**: Marianne North, *Recollections of a Happy Life, Being the Autobiography of Marianne North* (Nova York: Macmillan, 1894).

Lambendo vitrine

107. **"Flanar é parisiense"**: Victor Hugo, *Les Misérables*, trad. Isabel F. Hapgood (Project Gutenberg, 2008; publicado originalmente em 1887).
107. **Nos anos 1960**: "France May Lose Theater-in-Round," *New York Times*, 7 de setembro de 1964.
109. **Termo mais apaixonado**: Penelope Green, "BOOKS OF STYLE; Good to the Last Shop", *New York Times*, 23 de novembro de 2003.
109. **Como escreveu Balzac**: Honoré de Balzac, trad. Katharine Prescott Wormeley, *La Comédie Humaine d'Honoré de Balzac*, vol. 12 (Boston, Massachusetts: Hardy, Pratt & Company, 1900).
110. **Disse ela à revista *InStyle***: Jennifer Merritt, "Lena Dunham on Being a Loner: 'When People Cancel on Me, I Feel Like I Found $1,000'", *InStyle*, 18 de junho de 2016.
111. **Da Harvard Business School**: Elizabeth Dunn e Michael Norton, *Happy Money: The Science of Smarter Spending* (Nova York: Simon & Schuster, 2013).
111. **Dá sentido à vida**: Storr, *Solitude*.
111. **Como descreveram**: Richard M. Ryan e Edward L. Deci, "Intrinsic and Extrinsic Motivations: Classic Definitions and New Directions", *Contemporary Educational Psychology* 25, nº 1 (2000): 54-67.
112. **Atiçada por perambular**: Marily Oppezzo e Daniel L. Schwartz, "Give Your Ideas Some Legs: The Positive Effect of Walking on Creative Thinking", *Journal of Experimental Psychology: Learning, Memory, and Cognition* 40, nº 4 (2014): 1142-52.
112. **Renoir e Moreau**: Victor Hugo, *The Memoirs of Victor Hugo* (Project Gutenberg, 2009; publicado originalmente em 1899). Site na internet do Musée d'Orsay, musee-orsay.fr/en/collections/works-in-focus/search/commentaire_id/paul-leclercq-10682.html. Jean Renoir, *Renoir: My Father* (Nova York: New York Review of Books Classics, 1958). Stephan Wolohojian, org., com Anna Tahinci, "A Private Passion: Nineteenth--Century Paintings and Drawings from the Grenville L. Winthrop Col-

lection, Harvard University", Metropolitan Museum of Art, Nova York, 2003.
113. **Universidade da Califórnia, Riverside**: Lyubomirsky, *The How of Happiness*.
113. **Um espaço compartilhado ideal**: The Project for Public Spaces website, https://www.pps.org/article/grplacefeat.
113. **"Passear é viver"**: Honoré de Balzac, *The Works of Honoré de Balzac*, vol. 36 (Nova York: McKinlay, Stone and MacKenzie, 1915).
115. *A comédia humana*: Encyclopaedia Britannica, "Honoré de Balzac", https://www.britannica.com/biography/Honore-de-Balzac.
115. **Todas as suas obras**: Honoré de Balzac, *Letters to Madame Hanska, born Countess Rzewuska, Afterwards Madame Honoré de Balzac, 1833-1846*, trad. Katharine Prescott Wormeley (Boston, Massachusetts: Hardy, Pratt & Company, 1900).
116. **Quantidades copiosas de café**: Mary Blume e *International Herald Tribune* (edição de Paris), "Saga of a Statue: The Struggles of Rodin's Balzac", New York Times, 15 de agosto de 1998.

Üsküdar

121. **"Ansiosa até, para a aventura**: Eartha Kitt com Tonya Bolden, *Rejuvenate! (It's Never Too Late)* (Nova York: Scribner, 2001).
123. **Janela de cada apartamento**: Hilary Sumner-Boyd e John Freely, *Strolling Through Istanbul: The Classic Guide to the City* (Londres: Tauris Parke Paperbacks, 2014).
123. **Do Brooklyn e de Üsküdar**: "New York's Brooklyn Signs Sister City Protocol with Istanbul's Üsküdar", *BGNNews*, Istambul, 12 de agosto de 2015.
123. **"Pontes da alma"**: Mehmet Çelik, "Brooklyn-Üsküdar: Istanbul and New York's Iconic Districts Join Forces", *Daily Sabah*, 12 de agosto de 2015.
124. **No início de sua carreira**: Adrian Jack, "Obituary: Eartha Kitt", *Guardian* (edição americana), 28 de dezembro de 2008.

124. ***Strolling Through Istanbul***: Sumner-Boyd e Freely, *Strolling Through Istanbul*.
125. **Atestar pessoalmente a eficácia desta**: Elizabeth W. Dunn, Daniel T. Gilbert e Timothy D. Wilson, "If Money Doesn't Make You Happy Then You Probably Aren't Spending It Right", *Journal of Consumer Psychology* 21, nº 2 (2011): 115-25.
125. **Tubarão-tigre de três metros**: Stephanie Rosenbloom, "What a Great Trip! And I'm Not Even There Yet", *New York Times*, 7 de maio de 2014.
125. **E "retrospecção rosada"**: Terence R. Mitchell, Leigh Thompson, Erika Peterson e Randy Cronk, "Temporal Adjustments in the Evaluation of Events: The 'Rosy View'", *Journal of Experimental Social Psychology* 33, nº 4 (julho de 1997): 421-48.
127. **"Nenhum lugar do mundo"**: Andrew Finkel, *The Interior Design of Zeynep Fadillioğlu: Bosphorus and Beyond* (Istambul: MF Turistik Tesisleri, 2010).

O hamam

133. **"Tanto quanto possível"**: Hussein Chalayan, "Hussein Chalayan on Fitting in", série de palestras The School of Life, Vimeo, fevereiro de 2013, https://vimeo.com/ 60544453.
133. ***The Innocents Abroad***: Mark Twain (Samuel Clemens), *The Innocents Abroad* (Project Gutenberg, 2006; publicado originalmente em 1869).
134. **"O melhor que pudesse"**: Edmondo De Amicis, *Constantinople* (Richmond, Reino Unido: Alma Classics, 2013).
135. **Gigante da indústria de turismo TripAdvisor**: Jennifer Polland, "Here's Why Istanbul Is the Most Popular Travel Destination in the World", *Business Insider*, 8 de abril de 2014.
135. **"Capital da festa na Europa"**: Andrew Finkel, "Istanbul Thrives as the New Party Capital of Europe", *Guardian* (edição americana), 1º de janeiro de 2011.

136. **São pessoas curiosas**: Robert Biswas-Diener e Todd B. Kashdan, "What Happy People Do Differently", *Psychology Today*, 2 de julho de 2013.
136. **Buscas científicas ou inovação**: Todd B. Kashdan e Paul J. Silvia, "Curiosity and Interest: The Benefits of Thriving on Novelty and Challenge", em *The Oxford Handbook of Positive Psychology*, orgs. Shane J. Lopez e C.R. Snyder (Nova York: Oxford University Press, 2009), 367-75.
137. **Não precisam ser grandes**: Sonja Lyubomirsky, *The Myths of Happiness: What Should Make You Happy, but Doesn't; What Shouldn't Make You Happy, but Does* (Nova York: Penguin Press, 2013), 226-27.
138. **De banho turco**: Antoine Remise, Gizem Unsalan e Santiago Brusadin, "The Do's and Dont's of Visiting Istanbul in Summer", *TimeOut Istanbul*, 8 de agosto de 2015.
141. **"Vestiários de homens"**: Gloria Steinem, *Outrageous Acts and Everyday Rebellions* (Nova York: Holt, Rinehart and Winston, 1983).
141. **Do que coisas novas**: Leaf Van Boven e Thomas Gilovich, "To Do or to Have? That Is the Question", *Journal of Personality and Social Psychology* 85, nº 6 (2003): 1193-1202. Aaron C. Weidman e Elizabeth W. Dunn, "The Unsung Benefits of Material Things", *Social Psychological and Personality Science 7*, nº 4 (2015): 390-99.
142. **"Não é tão minado"**: Van Boven e Gilovich, "To Do or to Have?"
143. **Confiança e autoestima**: "Outward Bound 2016 Fact Sheet", OutwardBound, https://www.outwardbound.org/about-outwardbound/media.

Chamado para a prece

145. **"Levavam um convite"**: Ahmet Hamdi Tanpinar, *A Mind at Peace*, trad. Erdag Goknar (Brooklyn: Archipelago Books, 1949; tradução para o inglês, 2008).
146. **"Retornamos a nós mesmos"**: Hanh, *Peace Is Every Step*.
147. ***Photoplay* em 1928**: "The Story of Greta Garbo", conforme contado por ela a Ruth Biery, *Photoplay*, 1928.

150. **Barqueiro do Estige:** Théophile Gautier, *Constantinople of To-day*, trad. Robert Howe Gould (Londres: David Bogue, 1854).
151. **(Para decapitá-la):** Edith Hamilton, *Mythology: Timeless Tales of Gods and Heroes* (Nova York: A Mentor Book from New American Library, 1969).
151. **"Do que o modelo":** Umberto Eco, *Travels in Hyperreality*, trad. William Weaver (San Diego, Califórnia: Harcourt Brace, 1986).

A escada de arco-íris de Beyoğlu

157. **"Aqui e agora":** Orhan Pamuk, *The Innocence of Objects*, trad. Ekin Oklap (Nova York: Abrams, 2012).
158. **"Embelezamento de um ato de guerrilha":** Sebnem Arsu e Robert Mackey, "With a Burst of Color, Turkey's Public Walkways Become a Focus of Quiet Protest", *New York Times*, 3 de setembro de 2013.
158. **"Mil olhos veem você":** Edmondo De Amicis, *Constantinople* (Richmond, Reino Unido: Alma Classics, 2013).
159. **"Berro desesperado das buzinas":** Leonard Koren, *Wabi-Sabi for Artists, Designers, Poets & Philosophers* (Point Reyes, Califórnia: Imperfect Publishing, 1994 e 2008).
159. ***A Mind at Peace:*** Tanpinar, *A Mind at Peace*.
160. **"Passado o apogeu":** Orhan Pamuk, trad. Maureen Freely, *Istanbul* (Nova York: Knopf, 2004 e 2006).
161. **Placa que avisava:** Orhan Pamuk, *The Innocence of Objects*, trad. Ekin Oklap (Nova York: Abrams, 2012).

Antes que ele se vá

165. **"Antes/que ele se vá":** Rumi, *The Essential Rumi: New Expanded Edition*, trad. Coleman Barks (Nova York: HarperCollins, 2004).
165. **Mosteiro na Califórnia:** Pico Iyer, *The Art of Stillness: Adventures in Going Nowhere* (Nova York: TED Books, Simon & Schuster, 2014).
168. **Explicou certa vez:** Chalayan, série de palestras School of Life.

168. **Mais de uma dúzia ficaram feridos**: Ceylan Yeginsu e Tim Arango, "Istanbul Explosion Kills 10 Tourists, and ISIS Is Blamed", *New York Times*, 12 de janeiro de 2016.

Setas e anjos

175. **"Silenciadas e aquietadas"**: Marcus Aurelius, *Meditations* (Project Gutenberg, 2008).
176. **"Parecia escassa"**: Henry James, *Italian Hours* (Project Gutenberg, 2004; publicado originalmente em 1909).
176. ***The Stones of Florence***: Mary McCarthy, *The Stones of Florence* (Nova York: Open Road Integrated Media, 1963).
176. **Seu criador, Filippo Brunelleschi**: Ross King, *Brunelleschi's Dome: How a Renaissance Genius Reinvented Architecture* (Nova York: Bloomsbury, 2000).
177-178. **Encontrou no Arno**: Eve Borsook, *The Companion Guide to Florence* (Suffolk, Reino Unido: Companion Guides, 1997).
178. **Projetados por Michelangelo**: site na internet da Biblioteca Medicea Laurenziana, https://www.bmlonline.it/en/settore-monumentale.
179. **Cerco de 1529**: Giorgio Vasari, *Lives of the Artists*, vol. 1, trad. George Bull (Nova York: Penguin Books, 1965).
180. **Colega e seu biógrafo**: Ascanio Condivi, *The Life of Michelangelo*, 2ª ed, trad. Alice Sedgwick Wohl, org. Hellmut Wohl (University Park, Pensilvânia: Pennsylvania State University Press, 1999).
181. **Tenha ficado noivo**: John Keats, *Letters of John Keats to His Family and Friends*, org. Sidney Colvin (Project Gutenberg, 2011; publicado originalmente em 1891).
181. **"Significa muito para mim"**: Amelia Earhart, carta de 7 de fevereiro de 1931, Noank, CT, para GPP: Amelia Earhart Papers (George Palmer Putnam Collection), Purdue University Libraries, e-Archives.
181. **Durante o cerco**: Vasari, *Lives of the Artists*.
185. **De "Síndrome de Stendhal"**: Clyde Haberman, "Florence's Art Makes Some Go to Pieces", Especial para o *New York Times*, 15 de maio de 1989.

185. **Revista Metropolis M**: Maria Barnas, "Confrontations", *Metropolis M*, 2008.
185. **Podem passar despercebidas**: "Gary Snyder", biografia da Poetry Foundation, 2009, https://www.poetryfoundation.org/poets/gary-snyder.
186. **"Aonde ir em seguida"**: Magda Lipka Falck, *Anywhere Travel Guide: 75 Cards for Discovering the Unexpected, Wherever Your Journey Leads* (San Francisco, Califórnia: Chronicle Books, 2014).
187. **Entrava num espaço privado**: "Willoughby Sharp Videoviews Vito Acconci (1973)", http://www.ubu.com/film/acconci_sharp.html.
187. **"Eu decidi segui-lo"**: Sophie Calle e Jean Baudrillard, *Suite venitienne/Please follow me.*, trad. Dany Barash e Danny Hatfield (Seattle, Washington: Bay Press, 1988).
188. **"Não tenha medo de viajar sozinha"**: Ruth Orkin, *American Girl in Italy*, Metropolitan Museum of Art, https://www.metmuseum.org/art/collection/search/271216.

Sozinha com Vênus

191. **"Parecem desaparecer..."**: Percy Bysshe Shelley, *Essays, Letters from Abroad, Translations and Fragments*, vol. 2, org. Mary Shelley (Londres: Edward Moxon, 1840).
192. **Como Lourenço de Médici**: Vasari, *Lives of the Artists*.
192. **"diligente caçador com uma câmera"**: Susan Sontag, *On Photography* (Nova York: RosettaBooks, 2005).
193. **Desde março de 2014**: Hemank Lamba, Varun Bharadhwaj, Mayank Vachher et al., *Me, Myself and My Killfie: Characterizing and Preventing Selfie Deaths* (Ithaca, Nova York: Cornell University Library, 2016).
194. **Em Hartford, Connecticut**: *Catalogue: Patti Smith Camera Solo* (New Haven, Connecticut: Wadsworth Atheneum Museum of Art em associação com Yale University Press, 2011).
195. **"é aí que você está"**: Fran Lebowitz, documentary: *Public Speaking*, dirigido por Martin Scorsese, HBO, 2010.

195. **Vezes por dia**: Michelle Klein (chefe de marketing do Facebook para a América do Norte), palestra no TimesCenter durante a Social Media Week, em Nova York, 24 de fevereiro de 2016.
196. **Ex-ministro da Educação francês**: Hugh Schofield, "The Plan to Ban Work Emails Out of Hours", BBC News, Paris, 11 de maio de 2016.
197. **Apolo e Ártemis**: Hamilton, *Mythology*.

O corredor secreto

201. **"Aquele sobre si mesmo"**: Leonardo da Vinci, *The Notebooks of Leonardo da Vinci, Complete*, trad. Jean Paul Richter (Project Gutenberg, 2004; publicado originalmente em 1888).
201. **(Não sobreviveu)**: Niccolo Machiavelli, *History of Florence and of the Affairs of Italy from the Earliest Times to the Death of Lorenzo the Magnificent* (Project Gutenberg, 2006; publicado originalmente em 1901).
203. **Francia de tolo**: Vasari, *Lives of the Artists*.
203. **"A ser restaurada"**: Paula Deitz, "After the Florence Flood: Saving Vasari's 'Last Supper'", *New York Times*, 3 de novembro de 2016.
204. **"Até o dia de morrer"**: Lyubomirsky, *The How of Happiness*.
204. **Levando ao fluxo**: Martin E. P. Seligman, *Flourish: A Visionary New Understanding of Happiness and Well-Being* (Nova York: Free Press, 2011). Csikszentmihalyi, *Flow*.
204. **O fluxo envolve aquela**: Ibid.
205. **"Sempre seria"**: Jan Swafford, *Beethoven: Anguish and Triumph* (Boston: Massachusetts: Houghton Mifflin Harcourt, 2014).
207. **"O que você faria?"**: Travel Leaders Group, "Survey: 'Travel Etiquette: Americans Answer "What Would You Do?"', 2017.
216. **"Sabá de quietude"**: Mary McCarthy, *The Stones of Florence* (Nova York: Open Road Integrated Media, 1963).

A Cidade

226. **Ignorando a cidade sempre que possível**: "The Most Visited Cities in the US", WorldAtlas, acessado em 8 de março de 2017, https://www.worldatlas.com/articles/the-most-visited-cities-in-the-us.html.

228. **Peça chamada *Sex*:** "Mae West Jailed with Two Producers", *New York Times*, 20 de abril de 1927.
229. **Descreveu a vida criativa:** Storr, *Solitude*.
230. **Gávea de um clíper:** Jan Morris, *Manhattan '45* (Boston, Massachusetts, e Londres: Johns Hopkins University Press, 1986).
231. **"Quando você está sozinho":** Chuck Smith e Sono Kuwayama, entrevista com Agnes Martin em seu ateliê em Taos, Novo México, novembro de 1997, https://vimeo.com/ondemand/agnesmartin.
232. **Chegavam de lugares distantes:** New York City Department of Parks and Recreation, "Coenties Slip", https://www.nycgovparks.org/parks/coenties-slip.
234. **"Também entre si":** Holland Carter, "Where City History Was Made, a 50's Group Made Art History", *New York Times*, 5 de janeiro de 1993.
234. **Claraboias de seu ateliê:** Whitney Museum of American Art, Downtown Branch, *Nine Artists/Coenties Slip*, 10 de janeiro-14 de fevereiro de 1974, https://archive.org/details/nineartistscoent18whit.
236. **Descendo até o rio:** George Washington, "Rules of Civility & Decent Behaviour in Company and Conversation", University of Virginia, the Washington Papers, http://gwpapers.virginia.edu/about/.

Santuários e estranhos

237. **"Casa num/sábado":** Charles Bukowski, "My Secret Life", em *Sifting Through the Madness for the Word, the Line, the Way: New Poems* (Nova York: HarperCollins, 2008).
237. **O que faço:** Merriam-Webster, "Planet", https://www.merriam-webster.com/dictionary/planet.
238-39. **Site de notícias SoraNews24:** Lewis Mumford, *The City in History: Its Origins, Its Transformations, and Its Prospects* (San Diego, Califórnia: Harcourt, 1989).
239. **Ninhos para uma verificação:** Winifred Gallagher, *House Think: A Room-by-Room Look at How We Live* (Nova York: HarperCollins, 2006).

239. **Sintomas físicos como dores de cabeça**: Judith Heerwagen, "Smart Space: Thinking Outside the Cube", 2004, https://www.creativityatwork.com/2004/09/10/does-your-office-feel-like-a-zoo/.
239. **Seu "ático"**: "Nathaniel Hawthorne", National Park Service, Minute Man National Historic Park, 24 de maio de 2016, https://www.nps.gov/mima/learn/historyculture/thewaysidenathanielhawthorne.htm.
239. **"Quarto de água e árvore"**: Aeronwy Thomas, *My Father's Places: A Memoir by Dylan Thomas's Daughter* (Nova York: Skyhorse Publishing, 2009).
240. **"Oportunidades para a solidão"**: Wilderness Act, Public Law 88-577 (16 U.S.C. 1131-1136), 88th Congress, 2nd Session, 3 de setembro de 1964.
240. **Que parecem extrovertidos**: "The Rest Test: A Hubbub Collaboration with BBC Radio 4", 2015, http://hubbubresearch.org.
240. ***Com a tribal nas costas***: Amy Schumer, *The Girl with the Lower Back Tattoo* (Nova York: Gallery Books, 2016).
242. **Lenny Bruce fez check-in**: C.J. Hughes, "Hopes for a Street Resistant to Rebirth", *New York Times*, 1º de outubro de 2013. James Sullivan, "Lenny Bruce Legacy Reexamined", *Rolling Stone*, 10 de março de 2012.
243. **Pegou seu pedido**: Gillian M. Sandstrom e Elizabeth W. Dunn, "Is Efficiency Overrated? Minimal Social Interactions Lead to Belonging and Positive Affect", *Social Psychological and Personality Science 5*, nº 4 (maio de 2014): 437-42.
243. **Falamos com estranhos**: Nicholas Epley e Juliana Schroeder, "Mistakenly Seeking Solitude", *Journal of Experimental Psychology: General 143*, nº 5 (2014): 1980-99.
244. **"Maneira de alcançar a privacidade"**: Westin, *Privacy and Freedom*.
244. **Fará felizes estão erradas**: Epley e Schroeder, "Mistakenly Seeking Solitude".
244. **Perspectivas e conexões**: Kio Stark, "Why You Should Talk to Strangers", TED2016, fevereiro de 2016, https://www.ted.com/talks/kio_stark_why_you_should_talk_to_strangers.

245. **Ligação com nossa comunidade**: The Project for Public Spaces, https://www.pps.org/article/grplacefeat/.
245-46. **Século XIX "The Stranger"**: Georg Simmel, "The Stranger", em *The Sociology of Georg Simmel*, trad. Kurt Wolff (Nova York: Free Press, 1950).
247. **"Você está de brincadeira comigo?"**: Jen Kirkman, "Just Keep Livin'?," Netflix, 2017.
247. **Viajando sem homens**: Kate Schneider, "Murdered Backpackers Maria Coni and Marina Menegazzo Facebook Post Goes Viral", news.com.au, 14 de março de 2016.
248. **As vítimas conhecem**: Stephen J. Dubner, "The Cost of Fearing Strangers", Freakonomics.com, 6 de janeiro de 2009.

Ode ao West Village

253. **Apesar do clima**: Alexander Legrain, Naveen Eluru e Ahmed M. El-Geneidy, "Am Stressed, Must Travel: The Relationship Between Mode Choice and Commuting Stress", *Transportation Research Part F: Traffic Psychology and Behaviour* 34 (outubro de 2015): 141-51.
253. **"O que você não viu?"**: Rumi, *Essential Rumi*.
254. **Registros em diários e cartas**: Ting Zhang, Tami Kim, Alison Wood Brooks, Francesca Gino e Michael I. Norton, "A 'Present' for the Future: The Unexpected Value of Rediscovery", *Psychological Science* 25, nº 10 (outubro de 2014): 1851-60.
255. **Association for Psychological Science:** "Rediscovering Our Mundane Moments Brings Us Unexpected Pleasure", Association for Psychological Science, comunicado à imprensa, 2 de setembro de 2014.
256. **Arno, perto de Florença**: Percy Bysshe Shelley, "Florence: Ode to the West-Wind", em *Poems of Places: An Anthology in 31 Volumes. Italy: Vols. XI-XIII. 1876-79*, org. Henry Wadsworth Longfellow (Boston, Massachusetts: James R. Osgood, 1876-79). Bartleby.com, 2011.
257. **Com que rompê-la**: U.S. Census Bureau, arquivo de dados de Geography Division baseado no arquivo de computador do TIGER/Geo-

graphic Identification Code Scheme (TIGER/ GICS). Área de superfície em milhas quadradas em 2010: 22.83, https://www.census.gov/uickfacts/fact/table/newyorkcountymanhattanboroughnewyork/LND110210#viewtop.

Dicas e ferramentas para viajar sozinho

264-65. **Entre aqueles que viajam sozinhos**: Visa Global Travel Intentions Study 2015, preparado por Millward Brown.

Impressão e Acabamento:
GRÁFICA STAMPPA LTDA.